Student Activities Manual

STATIONEN

Second Edition

Prisca Augustyn
Florida Atlantic University

Nikolaus Euba
University of California, Berkeley

HEINLE
CENGAGE Learning

Australia • Brazil • Japan • Korea • Mexico • Singapore • Spain • United Kingdom • United States

HEINLE
CENGAGE Learning™

For product information and technology assistance, contact us at **Cengage Learning Customer & Sales Support, 1-800-354-9706**

For permission to use material from this text or product, submit all requests online at **cengage.com/permissions** Further permissions questions can be emailed to **permissionrequest@cengage.com**

ISBN-13: 978-1-111-34137-4
ISBN-10: 1-111-34137-0

Heinle
20 Channel Center Street
Boston, MA 02210
USA

Cengage Learning products are represented in Canada by Nelson Education, Ltd.

For your course and learning solutions, visit **www.cengage.com**

Purchase any of our products at your local college store or at our preferred online store **www.cengagebrain.com**

Train image: © Philip Lange/shutterstock

Printed in the United States of America
2 3 4 5 6 7 14 13 12

Inhalt

Berlin

STATION 1

A. Wortschatz

Mündliches

Hören

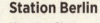

1 **Station Berlin**

Track 1-2

Kreuzen Sie an, welche Wörter Sie hören.

☐ Mauer   ☐ Veranstaltung
☐ Wahrzeichen   ☐ Wiedervereinigung
☐ Zerstörung   ☐ bedeutet
☐ Hauptstadt   ☐ entscheidet
☐ Veränderung   ☐ ständig
☐ Stadtbild   ☐ einheitlich
☐ Umland   ☐ Nationen
☐ Wohnort   ☐ Ausländer
☐ Grünzone   ☐ Wohnort

2 **Aus der Geschichte Berlins**

Track 1-3

Hören Sie zu und kreuzen Sie an, ob die Aussagen richtig (R) oder falsch (F) sind. Verbessern Sie die falschen Aussagen.

		R	F
1.	1871 wird Berlin Reichshauptstadt.	☑	☐
2.	Die Nationalsozialisten gründen Bezirksversammlungen.	☐	☑
3.	Die alliierten Siegermächte sind die USA, Russland, Großbritannien und Spanien.	☐	☑
4.	1959 wird die Deutsche Demokratische Republik gegründet. **1949**	☑	☑
5.	1961 beginnt man, eine Grünzone zwischen West- und Ostberlin zu bauen.	☑	☐
6.	Am 9. November 1989 wird die Grenze wieder geöffnet.	☑	☐

Sprechen

3 Fragen über Berlin

Track 1-4

Sie sind ein Reiseführer in Berlin und antworten den Touristen auf ihre Fragen.

Sie hören: Was ist das Wahrzeichen Berlins?

Sie lesen: das Brandenburger Tor

Sie sagen: Das Brandenburger Tor ist das Wahrzeichen Berlins.

Sie hören: Ach ja, das Brandenburger Tor ist das Wahrzeichen Berlins.

1. das Brandenburger Tor
2. die alliierten Siegermächte
3. im Umland von Berlin
4. die Mauer

4 Mehr Fragen über Berlin

Track 1-5

Beantworten Sie auch die folgenden Fragen der Touristen.

1. fünf Museen
2. die Berliner Philharmoniker
3. drei Opernhäuser
4. der Fernsehturm am Alexanderplatz
5. in der Oranienburger Straße
6. 1936

Schriftliches

5 Stadt und Staat

Geben Sie die bestimmten Artikel und Singularformen der folgenden Nomen an:

z.B.   _der_ _Außenbezirk_ die Außenbezirke *suburb(s)*

1. _____ _____ die Bezirke *district(s)*
2. _____ _____ die Brücken *bridge(s)*
3. _____ _____ die Bundesländer *federal state(s)*
4. _____ _____ die Einwohnerinnen *female resident(s)*
5. _____ _____ die Flüsse *river(s)*
6. _____ _____ die Gebäude *building(s)*
7. _____ _____ die Grenzen *border(s)*
8. _____ _____ die Hauptstädte *capital(s)*
9. _____ _____ die Parkanlagen *park(s)*
10. _____ _____ die Sehenswürdigkeiten *tourist sight(s)*
11. _____ _____ die Staaten *country (countries)*
12. _____ _____ die Städte *city (cities)*
13. _____ _____ die Viertel *neighborhood(s)*
14. _____ _____ die Wahrzeichen *symbol(s), historic sight(s)*

6 **Einiges über die Stadt**

Finden Sie die passende Ergänzung für jeden Satz und schreiben Sie den Buchstaben neben den Satzteil.

1. Die Bundeshauptstadt ist ein attraktiver Wohnort, _f_

2. Seit dem Fall der Mauer ist Berlin _b_

3. Das Stadtbild Berlins _____

4. In der Stadt wird ständig gebaut, _____

5. Viele Ausländer suchen eine Stelle in Berlin, _c_

6. Die Trennung der Stadt durch die Berliner Mauer _____

7. Innerhalb der Stadt gibt es viele verschiedene Bezirke _____

a. war von den Berlinern unerwartet.

b. ein Wahrzeichen der Wiedervereinigung.

c. weil das Arbeitsangebot besser ist als in anderen Städten.

d. aber es gibt immer noch viele Grünzonen.

e. und außerhalb der Stadt liegt das schöne Umland Brandenburg.

f. weil die Mieten so billig sind.

g. hat sich seit der Wende verändert.

7 **Die Geschichte der Loveparade**

Ergänzen Sie die Sätze mit Wörtern aus der Liste.

demonstrierten	Frieden	Veranstaltung
entschied	Organisatoren	verdiente
feiern	Umweltschützer	Zerstörung

1. Eine kleine Gruppe von Techno-Fans versammelte sich 1989 in Berlin. Die 150 Leute

_____ für Liebe, Toleranz und _____.

2. Tausende junge Leute reisten jedes Jahr nach Berlin, um zu Techno-Musik zu

_____.

3. Die _____ wurde weltberühmt, und die Stadt

_____ viel Geld damit.

4. Durch die Loveparade gab es aber auch viel Müll und _____ im Park.

Aber weil die Loveparade als „Demonstration" galt, bezahlte die Stadt die Kosten.

5. Die Situation ärgerte viele _____ und sie stellten die Frage: Ist die

Loveparade wirklich eine politische Demonstration?

6. Der Berliner Senat _____, dass die Loveparade keine Demonstration ist,

und dass die _____ für das Aufräumen bezahlen müssen.

8 **Döner Kebab oder Currywurst?**

Kreuzen Sie an, was auf Berlins beliebteste Fastfood-Gerichte, Döner Kebab [**D**] und Currywurst [**C**], zutrifft:

		D	C
1.	_____ ist ein türkisches Gericht.	❑	❑
2.	_____ wurde von einer Berlinerin erfunden.	❑	❑
3.	_____ gibt es überall in Berlin.	❑	❑
4.	_____ isst man mit Currysoße.	❑	❑
5.	_____ stammt aus der amerikanischen Besatzungszeit nach dem zweiten Weltkrieg.	❑	❑
6.	_____ wird mit Jogurtsoße gegessen.	❑	❑

9 **Redemittel: Nach Erklärungen fragen – Erklärungen geben**

In Wladimir Kaminers Erzählung über einen nächtlichen Besuch in einem türkischen Imbiss geht es um die multikulturelle Restaurantszene in Berlin. Verbinden Sie die folgenden Fragen mit den passenden Erklärungen:

_____ 1. Wie lässt es sich erklären, dass ein türkischer Imbiss in Berlin von Bulgaren betrieben wird?

_____ 2. Ich frage mich, warum es in Berlin so viele türkische Imbisse gibt.

_____ 3. Mich interessiert, warum er sein Buch *Russendisko* genannt hat.

_____ 4. Wie kommt es, dass Kaminer die deutschen Kneipen am mysteriösesten findet?

_____ 5. Woran liegt es, dass Kaminer meistens über das Berlin der Immigranten schreibt?

a. Das Buch heißt *Russendisko*, weil Kaminer als DJ eine Russendisko veranstaltet und darüber eine Erzählung geschrieben hat.

b. Vielleicht will er damit sagen, dass es „deutsche" Kneipen in Berlin eigentlich gar nicht gibt?

c. Es hat damit zu tun, dass die Türken in Deutschland die größte Immigrantengruppe sind.

d. Das hängt damit zusammen, dass die deutschen Konsumenten das türkische Essen besser kennen als das bulgarische.

e. Das kann man damit erklären, dass er selbst als russischer Immigrant seit vielen Jahren in Berlin lebt.

B. Strukturen

Mündliches

Hören

10
Track 1-6

Die Berlinale (Nomen/Deklination)

Hören Sie zu und verbinden Sie die Sätze mit den passenden Ergänzungen. In welchem Fall stehen die Ergänzungen?

z.B. Die Berlinale ist eines der wichtigsten Festivals *e. der Welt* .

Genitiv, feminin, Singular

a. dem Film *Rebecca*

b. viele berühmte Filmstars

c. das Highlight

d. die Stadt

e. der Welt

f. den goldenen Berliner Bären

1. Die Berlinale ist eines der wichtigsten Filmfestivals _____ .

   _____

2. Die erste Berlinale eröffnete mit _____ .

   _____

3. Kinofans und Filmkritiker aus der ganzen Welt besuchen _____ .

   _____

4. Man sieht _____ .

   _____

5. Eine Jury verleiht _____ .

   _____

6. Die Preisverleihung am letzten Abend ist _____ .

   _____

11

Track 1-7

Heuwers Gespräch (Verben/Konjugation)

Hören Sie zu und ergänzen Sie die Lücken.

KURT: Herta, (1) _____ du die Amerikaner dort drüben? Sie

(2) _____ Steak mit Ketchup!

HERTA: Ja, das (3) _____ gut aus.

KURT: Das sollten wir auch mal (4) _____ . Aber wir

(5) _____ kein Steak, und Ketchup

(6) _____ natürlich aus Amerika.

HERTA: Ich (7) _____ eine tolle Idee! Vielleicht

(8) _____ wir es mit Wurst probieren und für die Tomatensoße

unser eigenes Rezept erfinden.

KURT: (9) _____ du denn, welche Zutaten man dafür

(10) _____ ?

HERTA: Ich (11) _____ einfach in der Küche ein bisschen experimentieren.

Sprechen

12

Track 1-8

Was machst du in Berlin? (Nomen/Deklination)

Ein Freund fragt Sie, was Sie auf Ihrer Reise nach Berlin machen.

Sie hören: Mit wem fährst du nach Berlin?

Sie lesen: mit meinen Freunden

Sie sagen: Ich fahre mit meinen Freunden nach Berlin.

Sie hören: Ah, du fährst mit deinen Freunden nach Berlin.

1. mit meinen Freunden   4. meinem Vater

2. eine alte Freundin aus den USA   5. meiner Mutter

3. eine Currywurst   6. meines Bruders

13 🔊
Track 1-9

Menschen in Berlin (Verben/Konjugation)

Sagen Sie, was die folgenden Menschen in Berlin machen.

Sie hören: Was macht Wladimir Kaminer?

Sie lesen: schreiben / Kurzgeschichten und Romane

Sie sagen: Er schreibt Kurzgeschichten und Romane.

Sie hören: Genau, er schreibt Kurzgeschichten und Romane.

1. Wladimir Kaminer: schreiben / Kurzgeschichten und Romane
2. wir: machen / eine Bootsfahrt auf der Spree
3. du: sehen / im Theater ein Stück von Brecht
4. ihr: gehen / in alle coolen Clubs
5. ich: anrufen / alte Freunde im Prenzlauer Berg
6. Frau Müller und Frau Meier: fahren / mit der S-Bahn nach Potsdam

Schriftliches

14

Marlenes Lied (Deklination)

Identifizieren Sie den Kasus der nummerierten Nomen oder Pronomen.

Nom = Nominativ   Dat = Dativ   Gen = Genitiv   Akk = Akkusativ

Ich hab noch einen Koffer in Berlin

Ich hab' noch (1) **einen Koffer** in Berlin,   1. _____

deswegen muss ich nächstens wieder hin.

(2) **Die Seligkeiten** (3) **vergangener Zeiten**   2. _____   3. _____

sind alle noch in (4) **meinem Koffer** drin.   4. _____

Ich hab' noch meinen Koffer in Berlin.

(5) **Der** bleibt auch dort und das hat (6) **seinen Sinn**.   5. _____   6. _____

Auf (7) **diese Weise** lohnt sich (8) **die Reise**,   7. _____   8. _____

denn, wenn ich (9) **Sehnsucht** hab, dann fahr ich wieder hin.   9. _____

Wunderschön ist's in Paris auf (10) **der Rue Madeleine**,   10. _____

Schön ist es, im Mai in Rom durch (11) **die Stadt** zu gehen,   11. _____

oder eine Sommernacht still beim (12) **Wein** in Wien.   12. _____

Doch ich denk' wenn (13) **ihr** auch lacht, heut' noch an Berlin.   13. _____

Denn (14) **ich** hab noch einen Koffer in Berlin.   14. _____

15

Eine Tour durch Berlin (Deklination)

Ergänzen Sie jeden Satz mit den passenden Formen der Artikel und Nomen in Klammern. Achten Sie dabei auf den Kasus.

1. Der Reiseführer zeigt _____ (die Leute)

   _____ (das Brandenburger Tor).

2. Sie machen Bilder von _____ (die Gedächtniskirche) und

   _____ (der Reichstag).

3. Ein Tourist kauft ein Stück _____ (die Mauer) in

   _____ (der Souvenirladen).

4. Die ganze Gruppe läuft durch _____ (die verschiedenen Bezirke).

5. _____ (die Parkanlagen) gefallen ihnen sehr.

6. Sie fragen _____ (der Reiseführer), wie die Berliner normalerweise durch

_____ (die Stadt) fahren.

7. Er erklärt _____ (die Touristen), dass die meisten Leute mit

_____ (die U-Bahn), mit _____

(die S-Bahn), mit _____ (der Bus) oder mit

_____ (das Fahrrad) fahren.

16 Verbtabelle (Verben/Konjugation)

Ergänzen Sie die Tabelle.

Infinitiv	haben	wohnen	sein	lesen	arbeiten
ich	habe	wohne	bin	lese	arbeite
du	hast	wohnst	bist	lesst	arbeitest
er/es/sie	hat	wohnt	ist	lest	arbutet
wir	haben	wohnen	sind	lesen	arbeiten
ihr	~~hat~~ ~~habben~~	wohnt	sind		arbeitet
sie/Sie	haben	wonnu	sind		

17 Berliner Daten (Verben/ Konjugation)

Ergänzen Sie die Lücken mit dem passenden Verb von der Liste und achten Sie dabei auf die Konjugation.

haben • kommen • sein • liegen • geben • gehören • leben • machen

1. Mehr als 790.000 Menschen unter 25 Jahren _____ in Berlin.

2. 437.000 nicht-deutsche Bewohner, darunter 113.000 türkische Berliner und Berlinerinnen,

_____ die Stadt zu einem multikulturellen Ort.

3. Im Zentrum Berlins _____ ein großer Park: der Tiergarten.

4. In Berlin _____ es über 170 Museen.

5. Mit jeweils über 34.000 Studierenden _____ die Freie Universität Berlin

und die Humboldt Universität zu den größten Universitäten Deutschlands.

6. Mehr als 7 Millionen Hotelgäste _____ jedes Jahr nach Berlin

7. Vom 368 Meter hohen Fernsehturm _____ man einen Blick über die

ganze Stadt.

8. Ein bekanntes Symbol für die Stadt _____ das Brandenburger Tor.

18

Ein Berliner Autor: Wladimir Kaminer (Verben/Konjugation)

Schreiben Sie ganze Sätze mit den folgenden Elementen. Beginnen Sie immer mit dem Subjekt.

1. kommen: Wladimir Kaminer / ursprünglich / aus Moskau

   _____

2. sein: Er / ein bekannter Schriftsteller und Kolumnist

   _____

3. schreibt: Er / alle seine Texte / in der deutschen Sprache

   _____

4. heißen: Seine Kinder / Sebastian und Nicole

   _____

5. wohnen: Die Familie Kaminer / in Berlin

   _____

6. finden: Man / in seinen Werken *Russendisko* und *Militärmusik* / viele witzige Erzählungen

   _____

19

Mehr über Marlene (Verben)

Identifizieren Sie die grammatikalische Information in den folgenden Fragen und Aussagen über Marlene Dietrich.

A. Tempus: Präsens, Perfekt, Imperfekt, Plusquamperfekt oder Futur?

1. Machte sie eine Ausbildung als Violinistin? _____ *Imperfekt* _____

2. Hat sie einen Stern auf dem Hollywood Boulevard bekommen? _____

3. Werden weitere Generationen die Filme von Marlene sehen _____

4. Ist Marlene immer noch eine wichtige Deutsche? _____

5. Bevor sie als Schauspielerin arbeitete, hatte sie als Sängerin gearbeitet?

   _____   _____

6. Wurde sie 1939 Amerikanerin? _____

7. Hat sie in Frankreich gelebt _____

B. Modus: Indikativ, Konjunktiv oder Imperativ?

8. Möchten Sie mehr über Marlene lernen? _____

9. Nannten die Deutschen sie eine Verräterin? _____

10. Schauen Sie mal selber einen Film von Marlene an! _____

11. Zog sie nach Amerika? _____

12. In welchen aktuellen Filmen würde Marlene spielen? _____

C. Aktiv/Passiv: Aktiv oder Passiv?

13. Drehte sie einen Film mit Alfred Hitchcock? _____

14. Schrieb sie ein Lied über Berlin? _____

15. Werden ihre Filme noch gesehen? _____

16. Wird ihr Buch in Deutschland gelesen? _____

C. Lesen

20 **Vor dem Lesen**

Ordnen Sie den folgenen Phrasen die passenden Übersetzungen zu.

1. _____ wie in anderen deutschen Großstädten

2. _____ wäre nicht möglich gewesen

3. _____ bewegen sich hin und her

4. _____ ein Bahnhofsviertel

5. _____ wie ein gläserner Palast

6. _____ im Grünen

7. _____ in der Nähe

8. _____ hat ein Vakuum hinterlassen

9. _____ hat ein neues Gesicht bekommen

10. _____ eine Verbindung zwischen Ost und West

a. *a link between East and West*

b. *would not have been possible*

c. *in a greenspace*

d. *left a vacant space*

e. *nearby*

f. *got a face-lift*

g. *like in other big German cities*

h. *move back and forth*

i. *a neighborhood around the train station*

j. *like a glass palace*

Hauptbahnhof Berlin

Im Mai 2006 wurde der neue Berliner Hauptbahnhof eröffnet. Der Bau dieser grandiosen Konstruktion aus Glas und Stahl dauerte zehn Jahre. Berlin hatte bis dahin zwar andere Bahnhöfe, aber keinen Hauptbahnhof in der Mitte der Stadt wie in anderen deutschen Großstädten.

In keiner anderen deutschen Stadt wäre ein so großes Projekt möglich gewesen. Auf drei Ebenen *(levels)* gibt es Geschäfte, Restaurants und Infoschalter. Hier kann man sehen, dass Berlin immer in Bewegung *(in motion)* ist. Auf der Spree *(river in Berlin)* fahren Schiffe vorbei. Autos und Busse, Fußgänger und Radfahrer bewegen sich hin und her und Bahnen fahren unter- und übereinander ein und aus.

Nur eines hat der neue Hauptbahnhof nicht: ein Bahnhofsviertel. Wie ein gläserner Palast steht er allein im Grünen. Von der Südterrasse aus kann man das Kanzleramt, den Reichstag und die Parlamentsgebäude sehen. Ein kleiner Kanal in der Nähe bildete bis 1989 die Grenze zwischen Ost und West. Der Zweite Weltkrieg und die Teilung Berlins hatten ein großes Vakuum hinterlassen.

Durch den Hauptbahnhof hat dieses Stadtgebiet endlich ein neues Gesicht bekommen. Für die Berliner war der Bahnhof eine Verbindung zwischen Stadtteilen, die vorher durch ein leeres Gebiet getrennt waren. Die Politiker sehen den Berliner Hauptbahnhof als wichtigsten Bahnhof Deutschlands und als Symbol der Verbindung zwischen Ost und West.

21 Fragen zum Text

Verbinden Sie die Fragen mit den richtigen Antworten.

1. Wann wurde der neue Berliner Hauptbahnhof

   eröffnet? _____

2. Wie lange dauerte der Bau? _____

3. Was gibt es auf den drei Ebenen? _____

4. Was kann man von der Südterrasse

   aus sehen? _____

5. Was war bis 1989 die Grenze zwischen Ost und

   West? _____

6. Wie ist in der Mitte Berlins ein großes Vakuum

   entstanden? _____

7. Wofür ist der neue Berliner Hauptbahnhof ein

   Symbol? _____

a. die Verbindung zwischen Ost und West

b. Geschäfte, Restaurants und Infoschalter

c. im Mai 2006

d. zehn Jahre

e. durch den Krieg und die Teilung der Stadt

f. ein kleiner Kanal

g. das Kanzleramt, den Reichstag und die
   Parlamentsgebäude

22 Wortarten

Geben Sie für die **fett gedruckten** Wörter die Wortart an.

z.B. der **neue** Berliner Hauptbahnhof   _____*Adjektiv*_____

1. Konstruktion aus Glas **und** Stahl   _____

2. in **der** Mitte der Stadt   _____

3. aber keinen **Hauptbahnhof**   _____

4. wie **in** anderen deutschen Großstädten   _____

5. Bahnen **fahren** unter- und übereinander   _____

6. steht er **allein** im Grünen   _____

7. **endlich** ein neues Gesicht   _____

8. **eine** Verbindung zwischen Stadtteilen   _____

9. ein großes Vakuum **hinterlassen**   _____

10. Verbindung **zwischen** Ost und West   _____

D. Schreiben

23 ### Ein Koffer in . . . ?

Im Lied singt Marlene Dietrich, dass sie „noch einen Koffer in Berlin hat". Wo auf der Welt haben Sie noch einen Koffer? Vielleicht in Ihrer Heimatstadt? Haben Sie vielleicht einen Urlaub in einem wunderschönen Ort gemacht? Vielleicht ist dieser Ort nur eine Fantasie . . .

Schritt 1: Schreiben Sie Wörter in den folgenden Kategorien, die Sie mit ihrem Ort assoziieren.

NOMEN	VERBEN	ADJEKTIVE
_____	_____	_____
_____	_____	_____
_____	_____	_____
_____	_____	_____
_____	_____	_____

Schritt 2: Schreiben Sie jetzt fünf Sätze mit Wörtern aus verschiedenen Kategorien. Passen Sie besonders auf Deklination und Konjugation auf.

_____

_____

_____

_____

_____

Schritt 3: Warum haben Sie noch einen Koffer da? Schreiben Sie ein paar Notizen darüber, warum dieser Ort wichtig für Sie ist. Fühlen Sie sich anders, wenn Sie da sind? Ist da etwas Wichtiges passiert?

_____

_____

_____

_____

Schritt 4: Verbinden Sie jetzt Ihre Ideen und Notizen zu einen zusammenhängenden Aufsatz und achten Sie dabei weiterhin auf Deklination und Konjugation.

Ich habe noch einen Koffer in _____

_____

_____

_____

_____

_____

_____

_____

_____

_____

_____

_____

_____

_____

_____

_____

_____

_____

_____

_____

24 | **Schreibaufgabe: E-Mail an Connie**

Schreiben Sie eine E-Mail an Connie. Benutzen Sie das Beispiel als Modell!

Hallo Connie,

Dein Videoblog hat mir super gut gefallen. Du bist wirklich eine nette kleine Berliner Pflanze. Ich würde gerne auch mal die abgeranzten Feierstätten besuchen, von denen Du gesprochen hast. Bei uns hier gibt es nicht so eine Subkultur wie in Berlin. Die Clubs in meiner Stadt sind nicht so abgefahren . . .

Lass mal wieder von Dir hören!

Ciao,

Dein(e) _____

_____

_____

_____

_____

_____

_____

_____

_____

München

A. Wortschatz

Mündliches

Hören

1

Track 1-10

Die Münchner Biergärten

Nummerieren Sie die Phrasen in der Reihenfolge, in der Sie sie hören.

_____ Freizeitmöglichkeiten

_____ ein gutes Trinkgeld

_____ bei der Kellnerin

_____ eine Speisekarte

_____ besonders beliebt

___2___ Großstädte

_____ den neuesten Klatsch

_____ mit Bedienung

2

Track 1-11

Dialog im Getränkemarkt

Ergänzen Sie die Lücken mit den Wörtern, die Sie hören.

HÄNDLER: Grüß Gott. Was darf's sein?

KUNDIN: Grüß Sie! Heute brauche ich einen (1) _____ Augustiner Bier und

vier Flaschen (2) _____.

HÄNDLER: Orange oder Apfel?

KUNDIN: Orange, bitte, den mit viel Fruchtfleisch.

HÄNDLER: Alles klar. Brauchen Sie auch Mineralwasser?

KUNDIN: Nein, danke, die (3) _____ bekommt mir nicht so gut. Ich trinke

lieber (4) _____, das Münchner Wasser ist ja bekannt für seine

hohe Qualität. Und (5) _____ ist es natürlich auch.

HÄNDLER: Das stimmt allerdings. Wollen Sie sich die Getränke

(6) _____ _____?

KUNDIN: Nein, das ist nicht nötig, heute habe ich mein Auto dabei.

HÄNDLER: Gut, dann bringe ich Ihnen die (7) _____ zum Auto. Haben Sie

auch (8) _____ dabei?

kundin: Ja, das steht im Auto, zwei leere Kästen und dann noch die Weinflaschen hier.

HÄNDLER: Die können wir leider nicht zurücknehmen, auf die gibt es kein

(9) _____. Die müssen Sie am Altglascontainer

(10) _____.

KUNDIN: Ach ja, das kann ich mir nie merken.

HÄNDLER: Kein Wunder, das ist auch ein bisschen kompliziert geworden, das

(11) _____.

Sprechen

3 Fragen über München

Track 1-12

Sie hören sechs Fragen über München. Benutzen Sie bei Ihren Antworten die vorgegebenen Elemente.

Sie hören: Wofür ist München bekannt?

Sie lesen: für seine Freizeitmöglichkeiten

Sie sagen: München ist für seine Freizeitmöglichkeiten bekannt.

Sie hören: Richtig, München ist für seine Freizeitmöglichkeiten bekannt.

1. für seine Freizeitmöglichkeiten
2. nein, eine Großstadt
3. die heimliche Hauptstadt Deutschlands
4. den täglichen Klatsch
5. Bierzelte und Karussells
6. die Straßenbahn

4 Im Hofbräuhaus

Track 1-13

Sie haben Ihren Geburtstag gestern im Hofbräuhaus gefeiert und erzählen Ihrer Freundin davon.

Sie hören: Wo bist du gestern Abend gewesen?

Sie lesen: im Hofbräuhaus

Sie sagen: Ich bin im Hofbräuhaus gewesen.

Sie hören: Ah, im Hofbräuhaus.

1. im Hofbräuhaus
2. meistens voll und laut
3. fast eine ganze Portion Schweinshaxn
4. nein, das ist ein Vorurteil
5. auf meine Gesundheit natürlich
6. meine Freundin hat das heimlich gemacht

Schriftliches

5 **Ausflug zum Getränkemarkt**

Benutzen Sie die Wörter von der Liste, um den Dialog zu ergänzen. Denken Sie daran, wie man Mengenangaben (*units of measurement*), z.B. eine Tasse Kaffee, schreibt.

bezahlen • billig • die Flasche • die Kästen • das Leergut • das Lieblingsgetränk • sich liefern lassen • das Mineralwasser

VATER: Kommst du mit? Ich fahre zum Getränkemarkt.

SOHN: Ja, ich fahre mit. Soll ich (1) _____ ins Auto laden?

VATER: Ja, bitte. Schatzi, was brauchen wir vom Getränkemarkt?

MUTTER: Mindestens fünf (2) _____ Bier, einen Kasten

(3) _____ und auch noch eine (4) _____

Saft. Vergiss nicht mein (5) _____ Cola.

VATER: Das ist schon sehr viel. Sollten wir (6) _____ die Getränke nicht

_____ _____?

MUTTER: Das könnten wir machen, aber dann müssen wir auch dafür

(7) _____. Es ist doch nicht (8) _____!

6 **Familie Derendinger**

Benutzen Sie die folgenden Verben, um die Aussagen zu ergänzen.

angefangen • ausziehen • findet . . . statt • kriegen • mitbringen • zieh . . . an

1. Wir _____ bestimmt keinen Platz im Bierzelt!

2. Wir müssen unsere Brotzeit _____. Das machen wir doch jedes Jahr.

3. So eine Hose trägst du nicht auf die Wies'n! _____ dir doch eine andere

_____!

4. Ich werde mir die Schuhe nicht _____!

5. Das Fest hat schon vor zwei Stunden _____.

6. Warum _____ das Fest nicht im Juli _____?

7 **Fragen beim Abendessen**

Finden Sie eine Antwort auf jede Frage und schreiben Sie den passenden Buchstaben neben die Frage.

1. Ist das ein beliebtes Restaurant? _____

2. Könnten wir auch draußen essen? _____

3. Was möchtest du trinken? _____

4. Ist das nicht schädlich für die Gesundheit? _____

5. Hast du die Speisekarte angeschaut _____

6. Hast du überhaupt einen Kellner gesehen? _____

a. Ja, es gibt viele feine Gerichte.

b. Ja, es ist meistens ganz voll.

c. Nein, bis jetzt habe ich keine Bedienung gesehen

d. Leitungswasser mit Eis, bitte.

e. Hoffentlich nicht. Ich trinke es fast jeden Tag.

f. Ja, das Restaurant hat einen kleinen Biergarten

8 | **Aus der Geschichte Münchens**

Ergänzen Sie die folgende Stadtchronik mit den passenden Wörtern aus der Liste:

gewonnen • gewesen • Hauptstadt • gegründet • stattgefunden • ist • ist • hat • sind • eröffnet

1. 1158 haben Mönche eine Siedlung _____.

2. 1504 ist München _____ des Großherzogtums Bayern geworden.

3. 1810 hat das erste Oktoberfest _____.

4. 1935–45 ist München „Hauptstadt der Bewegung" _____.

5. 1945 _____ München von den Amerikanern besetzt worden.

6. 1957 _____ München eine Million Einwohner gehabt.

7. 1972 _____ bei den Olympischen Spielen neun israelische Athleten entführt worden.

8. 1974 hat Deutschland zum zweiten Mal die Fußballweltmeisterschaft _____.

9. 2002 ist die Pinakothek der Moderne _____ worden.

10. 2006 _____ die Synagoge Ohel Jakob im Zentrum Münchens wiedereröffnet worden.

9 | **Redemittel: Meinung äußern**

Formulieren Sie die folgenden Sätze neu, indem Sie die Redemittel verwenden:

z.B. **Kinder sollten keine Cola trinken.** →

Meiner Meinung nach ___*sollten Kinder keine Cola trinken*___.

Ich finde, dass ___*Kinder keine Cola trinken sollten*___.

1. Für Colagetränke wird zu viel Werbung gemacht.

   Ich bin der Meinung, dass _____.

2. Apfelsaftschorle schmeckt besser als Cola.

   Ich würde sagen, dass _____.

3. Es sollte in Schulen keine Cola-Automaten geben.

   Ich finde, dass _____.

4. Es sollte überall ein Dosenpfandsystem geben.

   Ich bin der Meinung, dass _____.

5. Getränke sollten keine künstlichen Farbstoffe (*artificial colors*) enthalten.

   Meiner Meinung nach _____.

B. Strukturen

Mündliches

Hören

10

Track 1-14

Die weiße Rose (Perfekt)

Bringen Sie die Sätze in die Reihenfolge, in der Sie sie hören.

_____ Als sie die Flugblätter am 14. Februar 1943 in der Münchner Uni verteilt haben, hat der Hausmeister die Gestapo (Geheime Staatspolizei) informiert.

_____ Ihre wichtigsten Mitglieder waren die Geschwister Hans und Sophie Scholl.

_____ 1997 und 2005 hat man vor der Universität eine Denkstätte gebaut.

___1___ Die weiße Rose ist eine Münchner Widerstandsgruppe gegen die Nazis gewesen.

_____ Später hat der Volksgerichtshof die beiden zum Tode verurteilt, und man hat sie hingerichtet.

_____ Und im Jahre 2003 haben Verwandte der Mitglieder das wissenschaftliche Weiße Rose Institut gegründet.

_____ Sie haben Flugblätter gegen die nationalsozialistische Politik geschrieben.

11

Track 1-15

Der Straßenarbeiter – frei nach Ludwig Thoma (Perfekt)

Die folgende Geschichte ist vom Münchner Schriftsteller Ludwig Thoma (1867–1921). Hören Sie zu und ergänzen Sie die Lücken.

1. Ende Mai _____ ich mit einem Freund am Siegestor

_____. 2. Er _____ mich auf einen Mann

aufmerksam _____. 3. Der _____ mitten in

der Straße stehen _____ und _____ seinen

Mantel _____. 4. Dann _____ er ihn an einen

Gartenzaun _____. 5. Schließlich _____ er sich

wieder in die Straße neben einen Schubkarren _____.

6. Er _____ eine Schaufel und sie auf den Boden

_____. 7. Dann _____ er sich auf den

Schubkarren _____. 8. Schließlich _____ er

meinen Freund und mich _____.

9. Er _____ zu uns _____ und

_____ uns _____, ob wir hier fremd sind.

10. „Nein", wir _____ 11. „Schade", _____

er da _____ „Ich habe Ihnen für ein Bier die Stadt zeigen wollen."

12. Da _____ wir ihm 20 Pfennig für ein Bier

_____. 13. Er _____ uns

_____ und _____ wieder zu seinem

Karren _____ 14. Dann _____ er seinen

Mantel wieder _____. 15. Ich _____

ihn _____, was er jetzt vorhat. 16. „Ein Bier kaufen",

_____ er _____. „Ich muss Kraft tanken (stock

up on energy), weil ich für die Stadt die Straße umgraben muss. Eine Wahnsinnsarbeit!" 17. Kopfschüttelnd

_____ er _____.

Sprechen

12

Track 1-16

Was haben Sie in München gemacht? (Perfekt)

Sie hören: Was haben Sie in München gemacht?

Sie lesen: zuerst / auf den Viktualienmarkt / gegangen

Sie sagen: Zuerst bin ich auf den Viktualienmarkt gegangen.

Sie hören: Aha, zuerst sind Sie also auf den Viktualienmarkt gegangen.

1. zuerst / auf den Viktualienmarkt / gegangen
2. als nächstes / den Marienplatz / besucht
3. dann / das Glockenspiel / gesehen
4. auf der Leopoldstraße / gesessen / und / einen Cappuccino / getrunken
5. am Abend / im Augustiner Keller / einen Schweinebraten / gegessen
6. danach / ins Hotel / zurückgegangen / und / lange / geschlafen

13

Track 1-17

Was haben andere Besucher in München gemacht? (Perfekt)

Sie hören: In welches Museum sind wir gegangen?

Sie lesen: ihr: ins Deutsche Museum gehen

Sie sagen: Ihr seid ins Deutsche Museum gegangen.

Sie hören: So, ihr seid ins Deutsche Museum gegangen.

1. ihr: ins Deutsche Museum gehen
2. wir: die Pinakothek der Moderne besuchen
3. der Tourist: den Englischen Garten sehen
4. du: im Biergarten Obatzter essen
5. die Studentin: im Café an der Uni sitzen
6. die Besucher: in der Kaufinger Straße spazieren gehen

14

Track 1-18

Vor dem Oktoberfest (Imperativ)

Die Kinder wollen aufs Oktoberfest und haben vorher noch einige Fragen an Sie. Antworten Sie mit der **du**- oder **ihr**-Form des Imperativs.

Sie hören: Wo kann ich mir die Hände waschen?

Sie lesen: gehen: ins Badezimmer

Sie sagen: Geh ins Badezimmer!

Sie hören: Geh ins Badezimmer!

1. gehen: ins Badezimmer
2. anziehen: die Lederhose
3. nehmen: das blaue Hemd
4. mitbringen: ein Lebkuchenherz
5. fahren: mit der Trambahn
6. suchen: neben der Garderobe

15 **Auf dem Oktoberfest (Imperativ)**

Track 1-19

Was schreien die Schausteller, um Werbung zu machen? Antworten Sie mit der **Sie**-Form des Imperativs.

Sie hören: Löwenbräu

Sie lesen: kommen: in unser gemütliches Bierzelt

Sie sagen: Kommen Sie in unser gemütliches Bierzelt!

Sie hören: Kommen Sie in unser gemütliches Bierzelt!

1. kommen: in unser gemütliches Bierzelt
2. essen: unsere knusprigen Hähnchen und frische Brezen
3. einsteigen: in unsere schaurige Geisterbahn
4. fahren: mit unserem riesigen Riesenrad
5. kaufen: heute noch ein Lotterielos
6. sehen: den einmaligen, klitzekleinen Flohzirkus

Schriftliches

16 **Aus der Münchner Geschichte (Perfekt)**

Ergänzen Sie die Lücken mit der richtigen Form von **haben** oder **sein**.

1. Wilhelm V. _____ 1589 das Hofbräuhaus gegründet.

2. 1632 _____ schwedische Truppen München besetzt.

3. Unter der Regierung Ludwigs des Ersten von Bayern _____ München zu einer bekannten Kunststadt geworden.

4. Die Architekten Leo von Klenze und Friedrich von Gärtner _____ zahlreiche klassizistische Gebäude entworfen.

5. Die Prinzregentenstraße und das Prinzregententheater _____ nach dem Prinzregenten Luitpold (1848–1864) benannt.

6. Viele berühmte Schriftsteller, wie zum Beispiel Thomas Mann und Bertolt Brecht, _____ in der Stadt gelebt.

17 **Ein Tag bei Familie Pehl in München (Perfekt)**

Kombinieren Sie jeweils ein Element aus jeder Spalte und schreiben Sie Sätze im Perfekt.

z.B. _____ *Christiane hat Tennis gespielt* _____

Christiane, die Mutter	im Kino	machen
Hermann, der Vater	Tennis	schwimmen
Frank, der Sohn	einen Apfelstrudel	arbeiten
Alice, die Tochter	einen Ausflug nach Starnberg	sein
Andreas und Michael, die Neffen	im Starnberger See	spielen
Anni und Leni, die Tanten	im Garten	backen

1. _____

2. _____

3. _____

4. _____

5. _____

6. _____

18 **Letzte Woche in München (Perfekt)**

Schreiben Sie im Perfekt, was man in München letzte Woche alles gemacht hat.

1. ich / ins Kino gehen

_____

2. du / an den Starnberger See fahren

_____

3. eine Münchnerin / sich im Englischen Garten in die Sonne legen

_____

4. wir / durch die Fußgängerzone bummeln

_____

5. ihr / Brotzeit im Biergarten machen

_____

6. viele Münchner / das schöne Wetter genießen

_____

19 **Nach dem Ausflug (Perfekt)**

Verwenden Sie die Wörter in Klammern, um eine Anwort im Perfekt auf jede Frage zu schreiben.

z.B. MUTTER: Habt ihr mir mein Lieblingsgetränk gekauft?

VATER: **(wir / es / vergessen / leider)** →

Wir haben es leider vergessen.

1. MUTTER: Habt ihr Mineralwasser mit Kohlensäure gekauft?

VATER: (ja / aber / es / geben / nur / sanftes Mineralwasser)

_____

2. VATER: Hast du den Kasten in die Küche hingestellt?

SOHN: (nein / ich / lassen / ihn / im Auto)

_____

3. MUTTER: Warum hast du den Kasten nicht reingetragen?

SOHN: (ich / sein / zu faul)

_____

4. MUTTER: Warum habt ihr nicht das ganze Pfand zurückbekommen?

VATER: (wir / verlieren / ein paar Flaschen / bei der Fahrt)

_____

5. MUTTER: Das ist doch unmöglich! Wie ist denn so was passiert?

SOHN: (Papa / schließen / die Tür / nicht richtig)

_____

6. MUTTER: Und die Flaschen sind auf die Straße gefallen?

VATER: (ja / aber / wir / aufräumen / das Glas)

_____

20   In München steht ein Hofbräuhaus (Perfekt)

Was haben Stefan und Stephanie da alles gemacht? Ergänzen Sie die Lücken mit dem passenden Hilfsverb und Partizip. Achten Sie auf Verbkongruenz.

1. Stefan und Stephanie _____ keinen Platz

   _____. (finden)

2. Sie _____ eine Stunde lang auf einen Tisch

   _____. (warten)

3. Sie _____ zwei Biere _____. (bestellen)

4. Die beiden _____ viele Lieder _____.

   (singen)

5. Stefan _____ noch ein Bier _____.

   (trinken)

6. Er _____ auf dem Tisch _____. (tanzen)

7. Stephanie _____ alleine am Tisch _____.

   (sitzen)

8. Sie _____ mit einem Italiener _____.

   (sprechen)

9. Stefan _____ Stephanie mit dem Italiener

   _____. (sehen)

10. Er _____ schnell zu ihr _____. (gehen)

11. Stefan _____ ihn ins Gesicht _____.

   (schlagen)

12. Die Leute _____ neugierig (curiously)

   _____. (zuschauen)

21   Ein berühmter Münchner: Christian Morgenstern (Perfekt)

Schreiben Sie die Biografie von Christian Morgenstern neu im Perfekt.

z.B. ▷ Von 1892 bis 1893 **hat** Christian Morgenstern Jura an der Breslauer Universität **studiert**, aber er **hat** . . .

1871	Christian Morgenstern kommt in München auf die Welt.
1892–93	Morgenstern studiert Jura an der Breslauer Universität, aber er bricht das Studium bald wieder ab.
1893	Morgenstern erkrankt an Tuberkulose.
1894	Er zieht nach Berlin. Von hier aus schreibt er regelmäßig Kulturberichte und Literaturkritiken.
1894–99	Morgenstern veröffentlicht Beiträge und Glossen in Kulturzeitschriften wie *Jugend*, *Freie Bühne* und *Die Gesellschaft*.
1895	Morgenstern gibt seinen ersten Lyrik-Band heraus. Aufgrund seiner literarischen Tätigkeit kommt es zum Bruch *(falling out)* mit dem Vater.
1897	Er übersetzt Werke von August Strindberg und Henrik Ibsen.
1900	Aufgrund seiner Krankheit geht er in die Schweiz.
1900–02	Hier schreibt er satirische Szenen und Parodien für Max Reinhardts Berliner Kabarett *Schall und Rauch*.
1905–06	Während eines weiteren Sanatoriumsaufenthalts findet er zum Glauben und zur Religion.
1909	Morgenstern schließt sich der dem engeren Kreis der anthroposophischen Gesellschaft um Rudolf Steiner an.
1910	Er heiratet Margareta Gosebruch.
1914	Christian Morgenstern stirbt am 31. März in Meran an den Folgen seiner Krankheit.

1871: _Christian Morgenstern ist in München auf die Welt gekommen._ _____

1892–93: _Von 1892 bis 1893 hat Morgenstern..._ _____

1893: _____

_____

1894: _____

_____

1894–99: _____

_____

1895: _____

_____

1897: _____

_____

1900: _____

_____

1900–02: _____

_____

1905–06: _____

_____

1909: _____

_____

1910: _____

_____

1914: _____

_____

22 Endlich auf der Wies'n (Perfekt)

Seppi, der Bruder von Herrn Derendinger, ist auch aufs Oktoberfest gegangen. Spekulieren Sie, was er gemacht hat, bevor er dort angekommen ist. Schreiben Sie sechs Sätze im Perfekt und benutzen Sie dabei sechs verschiedene Verben aus der Liste:

anziehen • aufstehen • fahren • finden • laufen • mitbringen • packen • warten

z.B.   *Er hat auf den Bus gewartet.*

1. _____
2. _____
3. _____
4. _____
5. _____
6. _____

Und was hat er dann auf der Wies'n gemacht? Schreiben Sie sechs Sätze im Perfekt und benutzen Sie dabei sechs verschiedene Verben aus der Liste.

bleiben • essen • genießen • kaufen • kennenlernen• küssen • reden • schreien • treffen • verlieren

7. _____
8. _____
9. _____
10. _____
11. _____
12. _____

23 **Befehle von der Frau Derendinger (Imperativ)**

Was soll Herr Derendinger alles tun? Schreiben Sie die richtige Imperativform in die Lücke, um den Befehl zu ergänzen. Benutzen Sie dabei die **du**-Form.

1. _____ mir mit der Oma! (helfen)

2. _____ dir eine andere Hose _____!
   (anziehen)

3. _____ die Brotzeit in den Korb _____!
   (einpacken)

4. _____ nach hinten (gehen) und _____ die
   Oma! (wecken)

5. _____ mir eine Bratwurst! (kaufen)

6. _____ mit mir! (tanzen)

7. _____ die Oma nicht allein! (lassen)

8. _____ auf den nächsten Bus! (warten)

24 **Mit Freunden im Biergarten (Imperativ)**

Ergänzen Sie die Sätze mit dem **ihr**-Imperativ der passenden Verben aus der Liste.

sein • fahren • trinken • bringen • holen • setzen

1. _____ nicht so viel Bier!

2. _____ nicht so laut!

3. _____ euch nicht auf den Boden!

4. _____ doch auch mal mit dem Karussell!

5. _____ mir bitte eine Breze!

6. _____ euch doch ein Eis!

25 **Vorschläge für Besucher der Stadt München (Imperativ)**

Was sollen Besucher in München machen? Benutzen Sie die vorgegebenen Wörter und die **Sie**-Form des Imperativs, um einen Vorschlag zu machen.

1. probieren / die Münchner Weißwurst

   _____

2. gehen / auf jeden Fall / in die Pinakothek der Moderne

   _____

3. kaufen / sich / eine Breze

   _____

4. machen / viele Bilder auf dem Marienplatz

_____

5. sich anschauen / das beliebte Glockenspiel

_____

 26 ## Weitere Vorschläge (Imperativ)

Was sollen Ihre Freunde Ihrer Meinung nach (nicht) tun, wenn sie München besuchen? Benutzen Sie die **ihr**-Form des Imperativs.

1. trinken / ein Münchner Bier / in einem gemütlichen Biergarten

_____

2. machen / einen Ausflug in die Alpen

_____

3. verbringen / einen Tag / im Deutschen Museum

_____

4. gehen / nicht / ins Hofbräuhaus

_____

5. essen / einen richtigen bayerischen Knödel / bei uns zu Hause

_____

C. Lesen

27 ## Vor dem Lesen

Ordnen Sie den folgenden Phrasen die passenden Übersetzungen zu.

1. _____ er war kein großer Politiker

2. _____ sein königlicher Lebensstil

3. _____ er hat viel zu viel Geld ausgegeben

4. _____ im Alter von 18 Jahren

5. _____ nicht gut vorbereitet

6. _____ er war nicht an Politik interessiert

7. _____ er bewunderte Richard Wagner

8. _____ er war bankrott

9. _____ es ist ihm nicht gut gegangen

10. _____ er wurde für „paranoid" gehalten

11. _____ auf mysteriöse Weise

12. _____ er ist ertrunken

a. *he had no interest in politics*
b. *at the age of 18*
c. *mysteriously*
d. *not well prepared*
e. *he drowned*
f. *he admired Richard Wagner*
g. *he was bankrupt*
h. *he spent too much money*
i. *his royal lifestyle*
j. *he was not well*
k. *he was considered "paranoid"*
l. *he was not a great politician*

Der Märchenkönig *(fairy-tale king)* Ludwig II. von Bayern

Der populärste und letzte bayrische König war Ludwig II (Ludwig der Zweite), der bis heute durch seine Schlösser – Neuschwanstein, Herrenchiemsee und Linderhof – bekannt ist. Er war kein großer Politiker und hat für seinen königlichen Lebensstil viel zu viel Geld ausgegeben. Trotzdem sind die Bayern stolz auf ihren letzten König.

Ludwig ist schon im Alter von 18 Jahren König geworden. Sein Vater, Maximilian II, der 1864 gestorben ist, hat Ludwig nicht gut auf seine Aufgaben als König vorbereitet *(prepared)*. Ludwig war mehr an Kunst, Architektur und Musik interessiert als an Politik.

Ludwig bewunderte Richard Wagner schon seitdem er im Alter von 15 Jahren eine seiner Opern gesehen hatte. Wagner brauchte Geld. Ludwig war sein größter Fan und hat ihn nicht nur für seine Opern bezahlt, sondern ihm sogar ein eigenes Festspielhaus *(festival theater)* finanziert.

Durch die Gründung des Deutschen Reiches 1870 hat Bayern seine Souveränität verloren. Ludwig konnte sich nun auf das Bauen von Schlössern konzentrieren. In Neuschwanstein und Linderhof hat Ludwig regelmäßig gewohnt, aber das kleine Schloss Herrenchiemsee wurde aus Geldmangel *(lack of money)* nicht vollendet. Ludwig war bankrott.

In seinen letzten Jahren ist es Ludwig nicht sehr gut gegangen. Er hat schlecht gegessen und zu viel getrunken und wurde für „paranoid" gehalten. Die Staatsgeschäfte hat sein Onkel übernommen und Ludwig wurde in ein kleines Schloss am Starnberger See gebracht, wo er im Alter von 40 Jahren auf mysteriöse Weise ertrunken ist.

28 Richtig oder falsch?

Kreuzen Sie an, ob die folgenden Aussagen richtig (R) oder falsch (F) sind. Verbessern Sie die falschen Aussagen.

		R	F
1.	Ludwig war ein fantastischer Politiker.	❏	❏
2.	Er hat viel Geld für seine Schlösser ausgegeben.	❏	❏
3.	Maximilian hat Ludwig gut auf seine Aufgaben als König vorbereitet.	❏	❏
4.	Ludwig hat sich vor allem für Philosophie und Geschichte interessiert.	❏	❏
5.	Als er 15 war, hat Ludwig zum ersten Mal eine Oper von Wagner gesehen.	❏	❏
6.	Ludwig hat Wagner finanziell geholfen.	❏	❏
7.	Ludwig hat meistens im Schloss Herrenchiemsee gewohnt.	❏	❏
8.	Am Starnberger See hat Ludwig im Alter von 40 Jahren ein Opernhaus gebaut.	❏	❏

29 **Sätze verbinden**

Verbinden Sie die passenden Satzteile.

1. Ludwig ist bankrott gegangen, _____

2. Die Bayern sind stolz auf Ludwig, _____

3. Weil sein Vater relativ früh gestorben ist, _____

4. Bayern hat seine Souveränität verloren, _____

5. Weil Ludwig bankrott war, _____

6. Weil Ludwig für „paranoid" gehalten wurde, _____

7. Ludwig ist im Starnberger See ertrunken, _____

a. ist er schon mit 18 König geworden.

b. weil er zu teure Schlösser gebaut hat.

c. ist das Schloss Herrenchiemsee nicht fertig geworden.

d. obwohl er kein guter Politiker war.

e. als 1870 das Deutsche Reich gegründet wurde.

f. aber niemand weiß genau, wie es passiert ist.

g. hat sein Onkel die Staatsgeschäfte übernommen.

30 **Partizipien und Infinitive**

Finden Sie alle Partizipien im Text über den Märchenkönig (oben) und geben Sie die Infinitive dazu an.

	PARTIZIP	INFINITIV
1.	*ausgegeben*	*ausgeben*
2.	*geworden*	*werden*
3.		
4.		
5.		
6.		
7.		
8.		
9.		
10.		
11.		
12.		
13.		
14.		
15.		
16.		
17.		
18.		
19.		

D. Schreiben

31

Pech gehabt!

Manchmal läuft es nicht so, wie man es sich vorstellt. Denken Sie an die arme Familie Derendinger – das Wetter, die Kleidung, das Essen, die Liebe, der Verkehr. Alles ist in die Hose gegangen *(was a complete flop)*. Haben Sie jemals so ein Erlebnis gehabt? Benutzen Sie die folgenden Schritte, um Ihre Pechgeschichte zu erzählen und verwenden Sie dabei das Perfekt.

Schritt 1: Was ist passiert? Machen Sie eine Liste von Verben, um den Ablauf *(action)* der Geschichte zu erzählen. Schreiben Sie auch die passende Perfektform dazu.

Schritt 2: Hat es dabei ein Problem gegeben? Beschreiben Sie das Problem neben dem Verb. Hoffentlich gibt es Verben ohne Probleme!

VERB	PERFEKT	HAT ES EIN PROBLEM GEGEBEN?
anziehen	*hat angezogen*	*zwei verschiedene Socken*
1. _____	_____	_____
2. _____	_____	_____
3. _____	_____	_____
4. _____	_____	_____
5. _____	_____	_____
6. _____	_____	_____
7. _____	_____	_____
8. _____	_____	_____
9. _____	_____	_____
10. _____	_____	_____

Schritt 3: Bilden Sie Sätze mit den oben stehenden Verben, um die Probleme zu beschreiben. Dabei könnten Sie die folgenden Wörter und Begriffe benutzen:

aber • bedauerlicherweise *(regrettably)* • leider • unglücklicherweise

z.B. Herr Derendinger hat sich rechtzeitig angezogen, aber leider hat er zwei verschiedene Socken angehabt!

_____

_____

_____

Schritt 4: Jetzt benutzen Sie ihre Sätze von oben, um die ganze Geschichte zu schreiben. Verwenden Sie dabei das Perfekt.

_____

_____

_____

Name _____   Datum _____

_____

_____

_____

_____

_____

_____

_____

_____

32 Schreibaufgabe: Rezept

Wenn man für jemanden ein Rezept aufschreibt, kann man alle Schritte im Infinitiv auflisten. Schreiben Sie Ihr Lieblingsrezept auf! Benutzen sie das folgende Rezept für Obatzter als Modell.

Obatzter

Zutaten:

2 EL Butter

3 EL Sahne

3 EL reifen Camembert oder Brie

1 kleine Zwiebel (fein geschnitten)

1 Messerspitze Pfeffer

2 EL Paprikapulver

Butter und Sahne in eine Schüssel *(bowl)* geben

Käse in Würfel *(cubes)* schneiden

Zwiebel fein hacken

Pfeffer und Paprika darüber streuen *(sprinkle)*

alles gut mischen

ein paar Minuten vor dem Essen aus dem Kühlschrank nehmen

Brot schneiden

mit Petersilie *(parsley)* garnieren und mit Brot servieren

_____

_____

_____

_____

_____

_____

_____

_____

Heidelberg

A. Wortschatz

Mündliches

Hören

1 🔊
Track 1-20

Station Heidelberg

Ergänzen Sie die Lücken mit den Wörtern, die Sie hören.

Mit seiner berühmten (1) _____ und der romantischen Schlossruine gilt

Heidelberg als eine der schönsten StädteDeutschlands. Die Universität Heidelberg ist die älteste in

Deutschland und wurde vor mehr als sechshundert Jahren gegründet – mit nur vier

(2) _____. Heute hat die Heidelberger Uni fünfzehn Fakultäten.

Bereits Ende des 18. und zu Beginn des 19. Jahrhunderts war Heidelberg ein intellektuelles Zentrum.

Dichter wie Joseph von Eichendorff, Bettina von Arnim und Clemens Brentano

(3) _____ literarische Zirkel und (4) _____

die Entwicklung der romantischen Literatur. Mitte des 19. Jahrhunderts änderte sich das

(5) _____ Klima und man konzentrierte sich auf

(6) _____, Medizin und die Naturwissenschaften. Der Fachbereich Medizin

ist seit der Gründung der Heidelberger Universität ein (7) _____ der

Hochschule.

2 🔊
Track 1-21

Universitäres

Hören Sie zu und kreuzen Sie an, ob die Aussagen richtig (R) oder falsch (F) sind. Verbessern Sie die
falschen Aussagen.

		R	F
1.	In einem Magisterstudiengang hat man normalerweise ein Hauptfach und ein Nebenfach.	❑	❑
2.	Bei allen Seminaren und Vorlesungen gibt es Anwesenheitskontrolle.	❑	❑
3.	Im Studienbuch werden alle besuchten Seminare und Vorlesungen aufgelistet.	❑	❑

31

4. Wenn man erfolgreich an einem Seminar teilnimmt, bekommt man einen Schein. ❏ ❏

5. Ein Referat ist eine schriftliche Seminararbeit. ❏ ❏

6. Eine mündliche Prüfung nennt man an der Uni „Klausur". ❏ ❏

Sprechen

3

🔊
Track 1-22

Mehr Universitäres

Sie hören sechs Fragen über den Studienalltag. Benutzen Sie bei Ihren Antworten die vorgegebenen Elemente.

Sie hören: Was ist ein Referat?

Sie lesen: ein Vortrag von Studenten in einem Seminar

Sie sagen: Ein Referat ist ein Vortrag von Studenten in einem Seminar.

Sie hören: Richtig, ein Referat ist ein Vortrag von Studenten in einem Seminar.

1. ein Vortrag von Studenten in einem Seminar
2. eine Naturwissenschaft
3. eine Geisteswissenschaft
4. einen guten Notendurchschnitt beim Abschluss
5. eine Hochschule
6. den Studiengang Germanistik

Schriftliches

4

Das deutsche Schulsystem

Ergänzen Sie die folgenden Sätze mit den passenden Begriffen.

Klasse • Kindergarten • Hochschule • Abschlussprüfung • Studiengänge • Studium • Berufsschule • Ausbildung

1. Im Alter von 3–6 Jahren gehen die meisten deutschen Kinder in den

   _____.

2. In die Grundschule geht man von der ersten bis zur vierten _____

3. Das Abitur ist die _____ im Gymnasium.

4. Nur wer das Abitur hat, kann an einer _____ studieren.

5. Als Alternative zum _____ an einer Universität gibt es fachspezifische

   _____ an Fachhochschulen.

6. Wer eine _____ als Mechaniker oder Kaufmann machen will, geht auf die

   _____.

5 **Das Studentenleben**

Was machen die Studenten? Schreiben Sie Sätze mit den Wörtern in Klammern, um zu beschreiben, was die Studenten machen.

 Stefan / bekommen / schlecht / Noten) →

Stefan bekommt schlechte Noten.

1. (die Freunde / lernen / in der Bibliothek)

_____

2. (die Studentin / bezahlen / die Studiengebühren)

_____

3. (Karin / belegen / eine Vorlesung)

_____

4. (Conny und Dominik / sich vorbereiten / auf das Examen)

_____

5. (Berkhan / halten / ein Referat)

_____

6. (Bastian / essen / in der Mensa)

_____

7. (die Studentinnen / wohnen / im Studentenwohnheim)

_____

8. (Luisa / sich entscheiden / für ein Hauptfach)

_____

6 **Noch mehr Universitäres**

Ergänzen Sie die Sätze mit der passenden Form des Verbs aus der Liste. Achten Sie auf die Verbkongruenz.

beeinflussen • belegen • dauern • erwähnen • gründen • verstehen

1. Die Vorlesung _____ eine Stunde.

2. Der Professor _____ einen Aufsatz von Hannah Arendt.

3. Die Universität _____ eine neue Fakultät.

4. Die Forschung ihrer Professorin _____ die junge Studentin.

5. Der amerikanische Austauschstudent (exchange student) _____ nicht so

viel von dem deutschen Seminar.

6. Jedes Semester _____ Bettina vier Kurse.

7 ### Rede des Professors am ersten Tag

Verwenden Sie die Wörter von der Liste, um die Rede des Professors zu ergänzen.

die Anwesenheitsliste	das Referat	der Schwerpunkt
die Forschung	der Schein	wissenschaftliche
die Klausur	schließlich	

Ich mache keine (1) _____ in meinem Seminar. Es ist Ihre Sache,

ob Sie jeden Tag kommen oder nicht. Während des Kurses müssen Sie drei Aufsätze schreiben.

Sie müssen auch ein kurzes (2) _____ halten und

(3) _____ gibt es eine (4) _____. Am Ende

bekommen Sie einen (5) _____ für Ihre Leistung *(performance)*. Der

(6) _____ der Vorlesung ist „Die Entwicklung der Naturwissenschaften im

19. Jahrhundert". Wir werden die (7) _____ von vielen berühmten Wissen-

schaftlern diskutieren und auch verschiedene (8) _____ Aufsätze lesen.

8 ### Hochschulreform

Bilden Sie Sätze mit den folgenden Wörtern und Phrasen.

1. das nächste Semester

   _____

2. jede Menge Referate

   _____

3. im vierten Semester

   _____

4. in die Abschlussnote einfließen

   _____

5. Leistungsdruck

   _____

6. keine Zeit mehr zum Jobben

   _____

7. Studiengebühren

   _____

8. mehr denn je

   _____

9. das Studium

   _____

9 **Redemittel: Vergleichen und Bewerten**

Ergänzen Sie die Sätze mit den passenden Wörtern.

im • zu • mit • man • zu • sich

1. Im Vergleich _____ anderen deutschen Städten sind die Mieten in

    Heidelberg sehr hoch.

2. Verglichen _____ anderen Universitäten hat Heidelberg eine lange Tradition.

3. _____ Gegensatz zu München ist Heidelberg eine relativ kleine Stadt.

4. Im Unterschied _____ anderen deutschen Städten ist Heidelberg im Krieg

    nicht zerstört worden.

5. Das Universitätssystem in Deutschland und in den USA? Das lässt _____

    nicht so leicht vergleichen.

6. Das Studium in Heidelberg und in Oklahoma? Das kann _____ nicht

    vergleichen.

B. Strukturen

Mündliches

Hören

10 **Perkeo (Imperfekt)**

Track 1-23

Hören Sie zu und ergänzen Sie die Lücken.

Im Keller des Heidelberger Schlosses liegt das weltberühmte Große Fass. Kurfürst Karl Theodor (1)

_____ es 1751 erbauen. Man (2) _____

221.726 Liter Wein einfüllen, und es (3) _____ eine Weinleitung zum Festsaal

im oberen Teil des Schlosses. Kurfürst Karl Philipp (4) _____ den Zwerg

Clemens Perkeo zum Wächter des Großen Fasses. Er (5) _____ ihn auf einer

Reise durch Tirol kennen, und der Humor des kleinen Mannes (6) _____

ihm besonders gut. Der Kurfürst (7) _____ ihn, ob er mit nach Heidelberg

kommen wolle. „Perche no" (Warum auch nicht), (8) _____ der Zwerg.

Da (9) _____ der Kurfürst und (10) _____:

„Du sollst Perkeo heißen." In Heidelberg (11) _____ Perkeo eine farbige

Uniform und einen riesigen Kellerschlüssel. Perkeo (12) _____ mit seinen

Späßen in der ganzen Stadt beliebt, und man (13) _____ ihm schon während

er (14) _____ ein Denkmal, das noch heute an der Wand neben dem Fass

zu finden ist.

11 — Was passierte zuerst? (Plusquamperfekt)

Track 1-24

Lesen Sie die Aussagen unten und hören Sie dann denn Text. Kreuzen Sie an, in welcher Chronologie die Ereignisse stattgefunden haben.

	ZUERST	DANACH
1. Karl Theodor wurde Kurfürst	X	
Er ließ das große Fass bauen.		X
2. Man baute das Fass.		
Man füllte mehr als 220.000 Liter Wein ein.		
3. Perkeo kam nach Heidelberg.		
Karl Philipp reiste nach Tirol.		
4. Karl Philipp machte Perkeo zum Wächter des großen Fasses.		
Karl Philipp lernte Perkeo kennen.		
5. Karl Philipp und Perkeo kamen nach Heidelberg zurück.		
Perkeo bekam eine Uniform und einen großen Schlüssel.		
6. Die Bürger der Stadt bauten Perkeo ein Denkmal.		
Die Bürger der Stadt schlossen Perkeo in ihr Herz.		

Sprechen

12 — Friedrich Ebert (Imperfekt)

Track 1-25

Friedrich Ebert war SPD-Politiker und der erste Reichspräsident Deutschlands während der Weimarer Republik.

Sie hören: Wann lebte Friedrich Ebert?

Sie lesen: leben: von 1871 bis 1925

Sie sagen: Friedrich Ebert lebte von 1871 bis 1925.

Sie hören: Richtig, Friedrich Ebert lebte von 1871 bis 1925.

1. leben: von 1871 bis 1925
2. wohnen: in Heidelberg
3. haben: acht Geschwister
4. werden: Parteivorsitzender der SPD
5. wählen: zum Reichspräsidenten der Weimarer Republik
6. sterben: 1925, im Alter von 54 Jahren

13 — Und davor? (Plusquamperfekt)

Track 1-26

Beantworten Sie die folgenden Fragen über Ihren Besuch in Heidelberg.

Sie hören: Wann haben Sie Heidelberg besucht?

Sie lesen: sehen: Berlin und München

Sie sagen: Nachdem ich Berlin und München gesehen hatte.

Sie hören: Ah, nachdem Sie Berlin und München gesehen hatten.

1. sehen: Berlin und München
2. bringen: meine Koffer ins Hotel
3. gehen: durch die Altstadt
4. trinken: auf dem Uniplatz einen Kaffee
5. spazieren gehen: am Neckar
6. essen: im Brauhaus Vetter

Schriftliches

14 ## Aus der Geschichte Heidelbergs (Imperfekt)

Schreiben Sie für jedes Datum einen Satz im Imperfekt.

z.B. **(500 v. Chr.) Die Kelten siedeln auf dem Heiligenberg →**

500 v. Chr. siedelten die Kelten auf dem Heiligenberg.

1. (200 n. Chr.) Die Römer bauen eine Brücke über den Neckar.

_____

2. (1386 n. Chr.) Ruprecht I. gründet die Universität.

_____

3. (14. Jh.) Heidelberg wird zur Hauptstadt der Kurpfalz.

_____

4. (1557) Kurfürst Ottheinrich führt die Reformation ein.

_____

5. (1688, 1693) Französische Truppen erobern und zerstören die Stadt.

_____

6. (1697) Nach dem Ende des Krieges baut man die Stadt im Stil des Barocks wieder auf.

_____

7. (1806) Achim von Arnim und Clemens Brentano veröffentlichen *Des Knaben Wunderhorn*.

_____

8. (1945) Heidelberg übersteht den Krieg fast ohne Zerstörung.

_____

9. (1948) Die US-Armee macht Heidelberg zu ihrem europäischen Hauptquartier.

_____

15 **Werdegang eines Studenten (Imperfekt)**

Ergänzen Sie die Sätze mit der Imperfektform des passenden Verbes.

arbeiten	ausgehen	bekommen	belegen	beschließen
ernst nehmen°	gefallen	gehen	haben	kennenlernen	*take seriously*
lernen	schlafen	schreiben	sein	~~kommen~~

Florian _____ *kam* _____ letztes Semester an die Uni Heidelberg. Sofort

(1) _____ er viele andere Studenten _____.

Er (2) _____ viermal die Woche mit seinen neuen Freunden in die

Studentenkneipe. Am nächsten Tag (3) _____ er immer sehr müde und

(4) _____ während der Vorlesung. Während der Semesterferien

(5) _____ er im Labor. Die Arbeit (6) _____

ihm sehr, und er (7) _____ sein Studium

(8) _____ zu _____.

Er (9) _____ jeden Tag fleißig und (10) _____

nur am Wochenende _____. Er (11) _____

Seminare, (12) _____ viele lobenswerte Seminararbeiten, und

(13) _____ gute Noten. Nach acht Semestern

(14) _____ er endlich den Abschluss in der Hand.

16 **Liebe auf der Uniparty (Imperfekt)**

Wie lernten Oli und Rita sich kennen? Lesen Sie die Liebesgeschichte und schreiben Sie sie neu im Imperfekt.

RITA: Ich **bin** mit meinen Freundinnen auf die Party **gegangen**, obwohl ich viel Arbeit **gehabt habe**. Ich **bin** deswegen schlecht gelaunt **gewesen**. Ich **habe** mir die Haare nicht **gewaschen** und ich **habe** eine total hässliche Bluse **getragen**. Ich **habe** die ganze Zeit nur an meine Arbeit **gedacht**.

OLI: Es **sind** Hunderte von Leuten auf der Party **gewesen,** aber ich **habe** sie sofort **gesehen**, weil sie eine knallgelbe Bluse **getragen** hat. Sie **hat** auch nicht viel mit den anderen Mädels **geklatscht** *(gossiped)*. Das **habe** ich interessant **gefunden**.

RITA: Er **ist** zu mir **gekommen,** und **hat** mich zum Tanzen **eingeladen**. Natürlich **habe** ich „nein" **gesagt**. Er **ist** aber bei mir **geblieben**, und wir **haben** bis in die Nacht **geredet**. Wir **haben** auch mal zusammen **getanzt**.

RITA: *Ich ging mit meinen Freundinnen auf die Party, obwohl ich viel Arbeit hatte.* _____

_____

_____

_____

_____

_____

OLI: _____

_____

_____

_____

_____

RITA: _____

_____

_____

_____

_____

17   **Als, wenn oder wann? (Konjunktionen)**

Ergänzen Sie jeden Satz mit der richtigen Konjunktion.

1. _____ Hans die Kneipe verließ, war er allein.

2. Normalerweise begleitete Erwin den Hans, _____ er nach Hause ging.

3. Erwin wollte Hans fragen, _____ er die Entscheidung getroffen hatte, aus der Burschenschaft auszutreten.

4. Auf dem Weg fragte sich Hans, _____ sie wohl im Dorf ankommen würden.

5. Hans besichtigte das Dorf, _____ er mit Heinrich nach Hause lief.

6. Erwin hatte immer gern zugehört, _____ Hans Klavier spielte.

18   **Persönliches (Konjunktionen)**

Vervollständigen Sie die folgenden Sätze.

1. Wenn ich in die Uni gehe, _____.

2. Als ich neulich im Kino war, _____.

3. Wann ich nach Deutschland fahre, _____.

4. Wenn ich morgens aufstehe, _____.

5. Als ich ein Kind war, _____.

6. Wenn ich meine Hausaufgaben mache, _____.

7. _____, wenn die Sonne scheint.

8. _____, wenn es regnet.

19

Viel los in Heidelberg! (Imperfekt und Plusquamperfekt)

Schreiben Sie die Imperfekt- und Plusquamperfektformen der folgenden Infinitive in der dritten Person Singular.

INFINITIV	IMPERFEKT	PLUSQUAMPERFEKT
z.B. besuchen	*besuchte*	*hatte besucht*
1. Rad fahren		
2. studieren		
3. leben		
4. essen		
5. trinken		
6. lesen		
7. lachen		
8. laufen		
9. arbeiten		
10. bleiben		
11. spielen		
12. denken		
13. sprechen		
14. treffen		
15. wissen		

20

In welcher Reihenfolge ist alles passiert? (Imperfekt und Plusquamperfekt)

Benutzen Sie die Konjunktion **nachdem**, Plusquamperfekt und Imperfekt, um die folgenden Sätze chronologisch zu verbinden.

 Hans folgt Heinrich aus der Ferne. Heinrich lädt ihn zum Mittagessen ein. →

Nachdem Hans Heinrich aus der Ferne gefolgt war, lud Heinrich ihn zum Mittagessen ein.

1. Die Kerle trinken zusammen. Hans verlässt die Kneipe allein.

   _____

   _____

   _____

2. Erwin begleitet Hans auf dem Heimweg. Hans verschwindet in die Dunkelheit.

   _____

   _____

   _____

3. Hans tritt aus der Burschenschaft aus. Hans lernt einen anderen Studenten kennen.

_____

_____

_____

4. Hans und Heinrich gehen spazieren. Sie essen Brot.

_____

_____

_____

5. Erwin kommt an Hans' Wohnung vorbei. Er sieht Hans in Begleitung eines unfein gekleideten Menschen.

_____

_____

_____

21 **Kettengeschichte (Imperfekt und Plusquamperfekt)**

Schreiben Sie die folgende Geschichte weiter. Folgen Sie dabei dem Muster des ersten Satzes.

1. Nachdem ich einkaufen gegangen war, _kam ich nach Hause_____.

2. Nachdem ich nach Hause gekommen war, _____

_____

3. Nachdem _____

_____

4. Nachdem _____

_____

5. Nachdem _____

_____

6. Nachdem _____

_____

C. Lesen

22 **Vor dem Lesen**

Ordnen Sie den folgenen Phrasen die passenden Übersetzungen zu.

1. _____ ohne Visum nach Deutschland einreisen
2. _____ an einer deutschen Hochschule
3. _____ eine Deutschprüfung ablegen
4. _____ sich informieren
5. _____ die Finanzierung des Studiums
6. _____ in Höhe von 500 €
7. _____ eventuell
8. _____ der größte Teil der Kosten
9. _____ Wohnraum ist teuer
10. _____ in einem Studentenwohnheim
11. _____ für ausländische Studierende

a. *most of the costs*
b. *housing is expensive*
c. *take a German proficiency exam*
d. *in the amount of 500 €*
e. *get information*
f. *at a German university*
g. *possibly*
h. *for foreign students*
i. *in a dorm*
j. *funding for college/university*
k. *enter Germany without a visa*

Auslandsstudium in Heidelberg

In Heidelberg studieren Studenten aus mehr als 130 Ländern. Studierende aus den Ländern der Europäischen Union und den EFTA-Ländern sowie Australien, Israel, Japan, Kanada, Neuseeland, Südkorea und den USA können ohne Visum nach Deutschland einreisen. Wer nicht aus einem EU-Land kommt, braucht eine Aufenthaltserlaubnis *(residence permit)* als Student, die man innerhalb von drei Monaten, nachdem man in Deutschland angekommen ist, bei der Ausländerbehörde *(foreign office)* beantragen *(apply for)* muss.

Bevor man sich an der Universität immatrikulieren kann, muss man beweisen *(prove)*, dass man für das Studium an einer deutschen Hochschule qualifiziert ist, und meistens muss man eine Deutschprüfung ablegen. Darüber kann man sich beim DAAD (Deutscher Akademischer Austauschdienst) informieren.

Die meisten Universitäten haben ein Akademisches Auslandsamt *(academic foreign office)*, das ausländischen Studenten bei der Bewerbung *(application)* und der Immatrikulation hilft.

Ein weiterer Aspekt, den ausländische Studenten klären müssen, ist die Finanzierung des Studiums. An den Hochschulen in Baden-Württemberg werden Studiengebühren in Höhe von 500 € pro Semester erhoben. Ausländische Studierende, die keinen Anspruch auf Darlehen *(loans)* haben, können eventuell von den Studiengebühren befreit *(exempted)* werden.

Die Lebenskosten in Deutschland sind relativ hoch. Die Miete macht meistens den größten Teil der Kosten aus, denn besonders in Heidelberg ist Wohnraum teuer. Ein Zimmer in einem Studente werden wohnheim ist oft billiger als ein Privatzimmer. Es gibt nur für ca. 13 % aller Studierenden Wohnheimplätze, aber in den Wohnheimen des Studentenwerks *(student service association)* sind 40–50 % der Plätze für ausländische Studierende reserviert. Eine weitere günstige Wohnmöglichkeit sind Wohngemeinschaften mit anderen Studenten.

Ausländische Studenten, die in Heidelberg studieren wollen, sollten sich gut vorbereiten, damit ihr Auslandsstudium ein Erfolg *(success)* wird. Man sollte mit der Planung des Auslandsstudiums ein Jahr im Voraus beginnen und sich darauf freuen, dass manches in Deutschland ganz anders funktioniert.

23 **Richtig oder falsch?**

Kreuzen Sie an, ob die folgenden Aussagen zum Text richtig (R) oder falsch (F) sind. Verbessern Sie die falschen Aussagen.

		R	F
1.	Studenten, die nicht aus einem EU-Land kommen, brauchen eine Aufenthaltserlaubnis für Studierende.	❑	❑
2.	Die Aufenthaltserlaubnis für Studierende bekommt man beim DAAD.	❑	❑
3.	Zimmer im Studentenwohnheim sind meistens billiger als private Zimmer oder Wohnungen.	❑	❑
4.	Das Studium an Hochschulen in Baden-Württemberg kostet 500 € pro Semester.	❑	❑
5.	Die Mieten in Heidelberg sind billiger als in anderen deutschen Städten.	❑	❑
6.	Zimmer in Studentenwohnheimen gibt es nur für 13 % aller Studierenden.	❑	❑

24 **Definitionen**

Finden Sie für jeden Begriff (links) die passende Definition (rechts).

1. _____ Ausländerbehörde

2. _____ DAAD

3. _____ Akademisches Auslandsamt

4. _____ Studentenwerk

5. _____ Hochschule

6. _____ Studentenwohnheim

a. Ein Zimmer in einem . . . ist meistens billiger als ein Privatzimmer.

b. Über die Qualifikationen für ein Studium in Deutschland und die Deutschprüfung kann man sich beim . . . informieren.

c. Das Studium an einer . . . in Baden-Württemberg kostet ab dem Sommersemester 2007 500 € pro Semester.

d. Eine Aufenthaltserlaubnis als Student muss man bei der . . . beantragen.

e. Um ausländischen Studenten bei der Bewerbung und der Immatrikulation zu helfen, haben viele Universitäten ein . . .

f. Das . . . reserviert 40–50 % der Wohnheimplätze für ausländische Studierende.

25 **Sätze verbinden**

Verbinden Sie die passenden Satzteile.

1. Wer als ausländischer Student in Deutschland eine Aufenthaltserlaubnis braucht, _____

2. Beim DAAD kann man sich darüber informieren, _____

3. Wenn ausländische Studenten an einer deutschen Universität Hilfe brauchen, _____

4. Ausländische Studierende müssen sich darüber informieren, _____

5. Da die Mieten in Heidelberg relativ hoch sind, _____

6. Wenn man sein Auslandsstudium richtig organisieren will, _____

a. welche Qualifikationen man für ein Studium an einer deutschen Hochschule braucht.

b. sollte man sich für ein Zimmer in einem Studentenwohnheim bewerben.

c. muss man ein Jahr vor dem Studienaufenthalt im Ausland mit der Planung beginnen.

d. muss sie innerhalb von drei Monaten nach seiner Ankunft in Deutschland bei der Ausländerbehörde beantragen.

e. können sie sich an das Akademische Auslandsamt oder das Studentenwerk wenden.

f. ob sie die Studiengebühren in Höhe von 500 € pro Semester bezahlen müssen.

D. Schreiben

26   ## Die schönste Zeit

Die Schulzeit ist die schönste Zeit: Das sagen die Eltern ihren Kindern. Was ist Ihre schönste Erinnerung an Ihre Schulzeit? Erzählen Sie eine Geschichte in Schritten:

Schritt 1: Was passierte?

Welche Verben assoziieren Sie mit Ihren Erinnerungen? Wie lauten die Imperfektformen dieser Verben?

VERBEN	IMPERFEKTFORMEN
_____	_____
_____	_____
_____	_____
_____	_____
_____	_____
_____	_____

Schreiben Sie jetzt einen Satz für jedes Verb.

_____

_____

_____

_____

_____

_____

_____

Schritt 2: In welcher Reihenfolge (order)?

Kombinieren Sie diese Verben mit den Konjunktionen **bevor** und **nachdem,** um die Reihenfolge der Geschehnisse (events) zu beschreiben. Verwenden Sie Plusquamperfekt und Imperfekt.

_____

_____

_____

_____

_____

_____

_____

_____

Schritt 3: Die schönste Erinnerung

Erzählen Sie jetzt die ganze Geschichte. Benutzen Sie die Sätze aus Schritt 1 und 2 und schreiben Sie mindestens noch vier neue Sätze. Sie könnten auch die folgenden Wörter benutzen:

als • damals • danach • dann • schließlich • später

_____

_____

_____

_____

_____

_____

_____

_____

_____

_____

_____

_____

_____

_____

_____

_____

_____

_____

_____

_____

_____

_____

_____

_____

_____

_____

_____

27 | **Schreibaufgabe: Kurzbiografie**

Schreiben Sie eine Kurzbiografie einer berühmten Person im Imperfekt. Nehmen Sie die Biografie von Hermann Hesse als Modell.

Hermann Hesse wurde am 2. Juli 1877 in Calw (Baden-Württemberg) geboren. Nach kurzem Aufenthalt in der Klosterschule Maulbronn beendete Hesse seine Schulbildung und machte eine Lehre als Buchhändler. Schon während seiner Lehrjahre begann er zu schreiben. Bald nach seinen ersten erfolgreichen Werken zog er 1904 als freier Schriftsteller in ein altes Bauernhaus am Bodensee. 1911 reiste er nach Indien und zog kurz darauf in die Schweiz, zuerst nach Bern und 1919 schließlich nach Montagnola (Tessin); dort schrieb er seine wichtigsten Romane und verbrachte den Rest seines Lebens. 1955 erhielt er den Friedenspreis des Deutschen Buchhandels. Er starb 1962.

_____
_____
_____
_____
_____
_____
_____
_____
_____
_____
_____
_____
_____
_____
_____
_____
_____
_____

Hamburg

A. Wortschatz

Mündliches

Hören

1

Track 1-27

Station Hamburg

Hören Sie zu und kreuzen Sie an, ob die Aussagen richtig (R) oder falsch (F) sind. Verbessern Sie die falschen Aussagen.

	R	F
1. Hamburg ist die drittgrößte Stadt Deutschlands.	☐	☐
2. In Hamburg gibt es sehr viele Konsulate.	☐	☐
3. Viele Menschen aus der ganzen Welt sind nach Hamburg gezogen.	☐	☐
4. Hamburg ist ein Medienzentrum.	☐	☐
5. Nur zwei deutsche Zeitungen und Zeitschriften kommen aus Hamburg.	☐	☐
6. Die *Süddeutsche Zeitung* wird in Hamburg verlegt.	☐	☐

2

🔊

Track 1-28

Talkshows

Ergänzen Sie die Lücken mit den Wörtern, die Sie hören.

Ein beliebtes Format für (1) _____ im deutschen Fernsehen sind die

Talkshows. Viele Fernsehsender, (2) _____ und private

(3) _____ dieses Format _____. Hier können

die (4) _____ bekannte (5) _____ sehen,

die mit verschiedenen (6) _____ über aktuelle Fragen aus Politik und

Gesellschaft diskutieren. Auch (7) _____ und kontroverse Themen

(8) _____ man dabei nicht.

47

Sprechen

3

Track 1-29

Aus der Medienwelt

Sie hören sechs Fragen über die Medienwelt. Benutzen Sie bei Ihren Antworten die vorgegebenen Elemente.

Sie hören: Wer publiziert Zeitungen und Zeitschriften?

Sie lesen: ein Verlag

Sie sagen: Ein Verlag publiziert Zeitungen oder Zeitschriften.

Sie hören: Richtig, ein Verlag publiziert Zeitungen oder Zeitschriften.

1. ein Verlag
2. Rundfunk
3. die Nachrichten
4. Moderatorin
5. Zuschauer
6. Werbung

4

Track 1-30

Du oder *Sie*?

Sie hören sechs Fragen. Benutzen Sie bei Ihren Antworten die vorgegebenen Elemente.

Sie hören: In welcher Branche wird häufig die du-Form benutzt?

Sie lesen: in der Medienwelt

Sie sagen: In der Medienwelt wird häufig die du-Form benutzt.

Sie hören: Richtig, in der Medienwelt wird häufig die du-Form benutzt.

1. in der Medienwelt
2. mit dem Vornamen
3. Gesprächspartner nicht voreilig mit Du ansprechen
4. die direkte Anrede vermeiden
5. Spitznamen und Kurzformen
6. Respekt

Schriftliches

5

Der Arbeitsplatz – die Arbeitsplätze

Geben Sie die bestimmten Artikel und Singularformen der folgenden Nomen an.

z.B.   ___der___   _____Hafen_____ die Häfen *port(s)*

1. _____ _____ die Abschiede *good-bye(s)*

2. _____ _____ die Anreden *form(s) of address*

3. _____ _____ die Bundesländer *federal state(s)*

4. _____ _____ die Chefinnen *female boss(es)*

5. _____ _____ die Firmen *company(ies)*

6. _____ _____ die Höflichkeitsformen *form(s) of politeness*

7. _____ _____ die Kollegen *colleague(s)*

8. _____ _____ die Luftangriffe *air raid(s)*

9. _____ _____ die Moderatorinnen *moderator(s)*

10. _____ _____ die Spitznamen *nickname(s)*

11. _____ _____ die Träume *dream(s)*

12. _____ _____ die Unsicherheiten *insecurity(ies)*

13. _____ _____ die Unternehmen *company(ies)*

14. _____ _____ die Verlage *publishing company(ies)*

6 Aus der Arbeitswelt

Finden Sie die Definition für jedes Wort und schreiben Sie den Buchstaben neben das passende Wort.

1. _____ der Arbeitsplatz

2. _____ die Branche

3. _____ der Chef / die Chefin

4. _____ die Werbung

5. _____ die Unsicherheit

6. _____ der Handel

7. _____ die Marke

8. _____ die Medien

a. der Leiter

b. ein Teil der ganzen Wirtschaft

c. Zeitungen, Zeitschriften, Fernsehen und Rundfunk

d. der Name einer Firma oder eines Produkts

e. ein Mittel, das man benutzt, um sein Produkt bekannt zu machen

f. wenn man nicht weiß, was passieren könnte

g. dort arbeitet man

h. das Kaufen und Verkaufen von Produkten und Diensten

7 Die Praktikantin – Nicht verwechseln!

Ergänzen Sie das passende Wort aus der Liste.

Verhalten • Verhältnis • Verlag • Verlagswesen • verlegt • vermeidet

1. Das _____ des Chefs ist problematisch. Er ist oft unfreundlich zu den

   Kollegen.

2. Die Praktikantin _____ die direkte Anrede am Arbeitsplatz, weil sie nie

   weiß, ob sie ihre Kollegen duzen oder siezen soll.

3. Das _____ zu ihren Kollegen ist sehr locker.

4. Der Verlag _____ ein neues Kochbuch, in dem auch zwei Rezepte der

   Praktikantin zu finden sind.

5. Zuerst sagte die Praktikantin ihrem neuen Freund nur, dass sie im _____

   arbeitet.

6. Später erzählte sie ihm, bei welchem _____ sie arbeitet.

8 ## Redemittel: Sagen Sie, was wahrscheinlich oder unwahrscheinlich ist

Spekulieren Sie über die neue Moderatorin einer Talkshow im deutschen Fernsehen, indem Sie mit den Redemitteln beginnen.

z.B.   Sie spricht sehr gut Englisch.

Wahrscheinlich _____*spricht sie sehr gut Englisch*_____.

1. Sie trinkt viel Kaffee.

   Vermutlich _____

2. Sie hat Kommunikationswissenschaften studiert.

   Ich vermute, dass _____

3. Sie hat keine Kinder.

   Ich nehme an, dass _____

4. Sie wird ihren eigenen Verlag gründen.

   Es ist fraglich, ob _____

5. Sie reist sehr viel.

   Es sieht so aus, als ob _____

6. Sie trägt gern Miniröcke.

   Anscheinend _____

7. Sie wird noch lange als Moderatorin arbeiten.

   Es scheint, als ob _____

8. Sie hat nicht viel Zeit für ihr Privatleben.

   Es wird wohl so sein, dass _____

B. Strukturen

Mündliches

Hören

9 ### Besuch in Hamburg (Konjunktiv II)

Track 1-31

Max und Gerte erzählen, was sie in Hamburg machen würden. Kreuzen Sie an, wer was machen würde.

		MAX	GERTE
1.	im „Zucker Club" tanzen	❑	❑
2.	eine Hafenrundfahrt machen	❑	❑
3.	über den Fischmarkt gehen	❑	❑
4.	das Speicherstadtmuseum besuchen	❑	❑
5.	den Tierpark Hagenbeck sehen	❑	❑
6.	im „Hamburg Dungeon" eine Horror-Show sehen	❑	❑
7.	mit dem Fahrrad am Elbuferweg fahren	❑	❑
8.	im Restaurant „Fischerhaus" essen	❑	❑

10 Was wäre, wenn . . . ? (Konjunktiv II)

Track 1-32

Sechs Menschen sprechen über ihre Träume und Wünsche. Hören Sie zu und ergänzen Sie die Lücken.

1. Wenn es auf der Welt nur eine einzige Sprache _____,

   _____ jeder mit jedem über alles sprechen.

2. Wenn Kinder Politiker wären, _____ wir vielleicht in einer viel besseren

   Welt _____.

3. Wenn ich einen Tag lang total perfekt _____, würde ich mich perfekt

   fühlen, perfekt aussehen und ich _____ natürlich auf alle Fragen eine

   perfekte Antwort.

4. Wenn ich unendlich viel Zeit _____, _____

   ich ganz ohne Uhren leben.

5. Wenn die Menschen nicht lügen _____,

   _____ die Welt viel ehrlicher.

6. Wenn das Wörtchen „wenn" nicht _____,

   _____ es vielleicht keinen Konjunktiv.

Sprechen

11 Berufsträume (Konjunktiv II)

Track 1-33

Was würden junge Leute in ihren Traumjobs machen? Benutzen Sie bei Ihren Antworten die vorgegebenen Elemente und den Konjunktiv II.

Sie hören: Was würde Katrin gern machen?

Sie lesen: Katrin: in einer großen Firma arbeiten

Sie sagen: Katrin würde gern in einer großen Firma arbeiten.

Sie hören: Richtig, Katrin würde gern in einer großen Firma arbeiten.

1. Katrin: in einer großen Firma arbeiten
2. Alex: jeden Tag einen Anzug tragen
3. Martina: erfolgreich sein
4. Karl: immer ein gutes Verhältnis mit seinem Chef haben
5. Sandra: während der Mittagspause einkaufen gehen
6. Helmut und Andreas: mit dem Firmenwagen in Urlaub fahren
7. Hanna und Beate: ihre Chefin mit Vornamen ansprechen
8. ich: jeden Tag gute Laune haben

12 Die neue Stelle (Konjunktiv II)

Track 1-34

Sie sind gerade von einem Vorstellungsgespräch zurückgekommen. Wie wäre es für Sie an der neuen Stelle? Beantworten Sie die Fragen im Konjunktiv und benutzen Sie dabei die vorgegebenen Elemente.

Sie hören: Wo könnten Sie arbeiten?

Sie lesen: können: mitten im Stadtzentrum

Sie sagen: Ich könnte mitten im Stadtzentrum arbeiten.

Sie hören: Aha, Sie könnten mitten im Stadtzentrum arbeiten.

1. können: mitten im Stadtzentrum arbeiten
2. können: meine Kollegen duzen
3. dürfen: keine lange Mittagspause machen
4. müssen: jeden Tag um 7 Uhr in der Arbeit sein
5. dürfen: nicht zu spät kommen
6. können: mit der S-Bahn dahin fahren

Schriftliches

13 ## Alles im Konjunktiv (Konjunktiv II, Konjunktiv der Vergangenheit)

Schreiben Sie die passende Form des Konjunktiv II und des Konjunktiv der Vergangenheit für jedes gegebene Verb. Benutzen Sie die dritte Person Singular. Bei welchen Verben wird wohl öfter die Konjunktivform benutzt, und bei welchen Verben wird wohl meistens die Sie **würden** + *Infinitiv* benutzt?

INFINITIV	KONJUNKTIV II	KONJUNKTIV DER VERGANGENHEIT
z.B. ▶ haben	*hätte*	*hätte gehabt*
laufen	*würde laufen*	*wäre gelaufen*
1. hören		
2. sagen		
3. sprechen		
4. warten		
5. wissen		
6. gehen		
7. arbeiten		
8. kommen		
9. vermeiden		
10. lernen		
11. sein		
12. bringen		
13. essen		
14. schlafen		
15. tragen		
16. trinken		
17. werden		
18. reisen		
19. studieren		

14 **Was ist die Realität? (Konjunktiv II/Konjunktiv der Vergangenheit/ Konjunktiv bei Modalverben)**

Leider sind die folgenden Sätze nur Wünsche oder Hoffnungen. Schreiben Sie, was die Realität ist.

z.B. **Ich wäre gerne Millionär.** →

Ich bin kein Millionär.

1. Ich hätte gerne eine Villa in der Toskana.

   _____

2. Ich würde gerne nach Indien reisen.

   _____

3. Ich säße jetzt gerne im Biergarten.

   _____

4. Wir müssten mehr für die Umwelt tun.

   _____

5. Du solltest nicht so viel reden.

   _____

6. Ich würde gerne auf einer Insel im Pazifik leben.

   _____

7. Ich hätte nicht so viel essen sollen.

   _____

8. Ich wäre gerne lange in der Bibliothek geblieben.

   _____

15 **Etwas höflicher, bitte (Konjuntiv II, Konjunktiv bei Modalverben)**

Schreiben Sie die folgenden Aufforderungen mit dem Konjunktiv um, damit sie höflicher klingen.

1. Ein Bier, bitte!

   _____

2. Zahlen!

   _____

3. Kommen Sie mit!

   _____

4. Sprich lauter!

   _____

5. Wiederholen Sie das bitte!

   _____

6. Erklär mir das!

   _____

16 **Wenn ich zur Generation Golf gehören würde . . . (Konjunktiv II)**

Benutzen Sie die Elemente, um zu beschreiben, wie es wäre, wenn Sie Teil der Generation Golf wären.

> **z.B.** **ich: nie selber kochen →**
>
> Ich würde nie selber kochen.

1. meine Freunde und ich: jedes Wochenende einkaufen gehen

   _____

2. ich: meine Kleidung bügeln

   _____

3. ich: immer sehr gepflegt aussehen

   _____

4. meine Freunde: einen guten Geschmack haben

   _____

5. ich: mich für Höflichkeit und Etikette interessieren

   _____

6. meine Generation: viel über Markenprodukte wissen

   _____

7. ich: gerne einen VW Golf fahren

   _____

17 **Mein Traumjob (Konjunktiv II)**

Wie könnte Ihr Traumjob aussehen? Schreiben Sie zu jedem Bereich einen Satz im Konjunktiv.

1. mein Chef / meine Chefin:

   _____

2. mein Gehalt:

   _____

3. der Arbeitsplatz:

   _____

4. Urlaub:

   _____

5. die Kolleginnen und Kollegen:

   _____

6. der Berufsalltag:

   _____

18 **In Hamburg aufgewachsen (Konjunktiv der Vergangenheit)**

Wie wäre es, wenn Sie in Hamburg aufgewachsen wären? Benutzen Sie die Elemente und schreiben Sie Sätze im Konjunktiv der Vergangenheit.

z.B.

(ich / am Hafen / spielen) →

Wenn ich in Hamburg aufgewachsen wäre, hätte ich am Hafen gespielt.

1. (ich / die Schiffe im Hafen / sehen)

Wenn ich in Hamburg aufgewachsen wäre, _____

2. (ich / oft / an die Nordsee / gehen)

Wenn ich in Hamburg aufgewachsen wäre, _____

3. (mein Vater / vielleicht / in der Medienbranche / arbeiten)

Wenn ich in Hamburg aufgewachsen wäre, _____

4. (ich / in einer Hansestadt / wohnen)

Wenn ich in Hamburg aufgewachsen wäre, _____

5. (ich / den ganzen Tag / Deutsch sprechen)

Wenn ich in Hamburg aufgewachsen wäre, _____

19 **Nochmal Generation Golf (Konjunktiv der Vergangenheit)**

Hätten Sie alles wie die Generation Golf gemacht, oder hätten Sie alles anders gemacht? Benutzen Sie den Konjunktiv der Vergangenheit und seien Sie kreativ!

z.B.

Die Generation Golf hat ihre Zigaretten nicht selbst gedreht. →

Ich hätte nicht geraucht.

[oder]

Ich hätte meine Zigaretten auch selbst gedreht.

1. Die Generation Golf hat auf die Tischmanieren geachtet.

_____

2. Die Generation Golf hat nur Butter und Bier im Kühlschrank gehabt.

_____

3. Die Generation Golf hat San Pellegrino getrunken.

_____

4. Die Generation Golf ist oft ins Restaurant gegangen.

_____

5. Die Generation Golf hat immer Designer-Kleidung getragen.

_____

6. Die Generation Golf ist gerne einkaufen gegangen.

_____

C. Lesen

Vor dem Lesen

Ordnen Sie den folgenen Phrasen die passenden Übersetzungen zu.

1. _____ in mehr als dreißig Sprachen
2. _____ das *Deutsche Welle* Unternehmen
3. _____ in über 60 Ländern
4. _____ mit neuester digitaler Technologie
5. _____ spielt eine wichtige Rolle
6. _____ Radiomitarbeiter und Journalisten ausbilden
7. _____ werden von Berlin aus ausgestrahlt
8. _____ zusätzlich
9. _____ andere Positionen zu wichtigen Themen verbreiten
10. _____ in Europa und in der Welt
11. _____ die einzige Verbindung mit der Heimat

a. *plays an important role*
b. *training radio staff and journalists*
c. *are broadcast from Berlin*
d. *in over thirty languages*
e. *using the latest digital technology*
f. *in more than 60 countries*
g. *in addition*
h. *disseminate other points of view on important topics*
i. *throughout Europe and the world*
j. *the only connection to their home country*
k. *the Deutsche Welle corporation*

Deutsche Welle

Die *Deutsche Welle* ist die offizielle deutsche Medienorganisation, die Informationen und Nachrichten aus Deutschland in mehr als dreißig Sprachen in die ganze Welt überträgt *(broadcasts)*. Das *Deutsche Welle* Unternehmen besteht aus dem Fernsehsender DW-TV, dem Radiosender DW-RADIO und der Webseite DW-WORLD.DE.

Mehr als 1.500 Mitarbeiter in über 60 Ländern produzieren mit neuester digitaler Technologie eine Vielzahl von Programmen. Zum Beispiel produziert DW-RADIO Sendungen auf Deutsch, Englisch, Russisch und Chinesisch aber auch in Sprachen wie Amharisch, Urdu, Bengali und Ukrainisch.

Für eine multilinguale Organisation wie *Deutsche Welle* spielt die online DW-ACADEMY, die von DW-WORLD.DE angeboten wird, eine wichtige Rolle. Durch die DW-AKADEMIE werden Radiomitarbeiter und Journalisten in Entwicklungsländern *(developing countries)* und auch in Osteuropa via Internet ausgebildet.

Die DW-TV Fernsehprogramme auf Deutsch, Englisch und Spanisch werden von Berlin aus ausgestrahlt. Zusätzlich gibt es regionale Programme zur Zeit auch noch auf Spanisch, Arabisch und anderen Sprachen.

Die Mission der *Deutschen Welle* ist, deutsche und andere Positionen zu wichtigen Themen aus Politik, Kultur und Wirtschaft zu verbreiten und in Europa und in der Welt das Verständnis *(understanding)* zwischen den Kulturen zu fördern. Für Deutsche, die im Ausland leben, ist die *Deutsche Welle* oft die einzige Verbindung mit der Heimat und mit der deutschen Sprache.

21 Richtig oder falsch?

Kreuzen Sie an, ob die Aussagen richtig (R) oder falsch (F) sind. Verbessern Sie die falschen Aussagen.

		R	F
1.	Die *Deutsche Welle* besteht aus einem Fernsehsender, einem Radiosender und einer Internetpräsenz.	❏	❏
2.	Alle Fernseh- und Radioprogramme sind auf Deutsch.	❏	❏
3.	Radiomitarbeiter und Journalisten in Entwicklungsländern werden über das Internet ausgebildet.	❏	❏
4.	Das Fernsehen der *Deutschen Welle* kommt aus Hamburg.	❏	❏
5.	Die *Deutsche Welle* versucht mit ihren Programmen, das interkulturelle Verständnis zu fördern.	❏	❏
6.	Für im Ausland lebende Deutsche kann die *Deutsche Welle* die einzige Verbindung mit der deutschen Kultur sein.	❏	❏

22 Ergänzungen

Setzen Sie die fehlenden Wörter in die Lücken ein.

Deutsche • deutschen • Fernsehprogramme • Journalisten • Programmen • Sprachen

1. Die *Deutsche Welle* überträgt Informationen und Nachrichten aus Deutschland in mehr als dreißig _____ in die ganze Welt.

2. Mehr als 1.500 Mitarbeiter in über 60 Ländern produzieren mit neuester digitaler Technologie eine Vielzahl von _____ .

3. Viele internationale Radiomitarbeiter und _____ werden via Internet ausgebildet.

4. Aus Berlin kommen die DW-TV _____ auf Deutsch, Englisch und Spanisch.

5. Für _____ , die im Ausland leben, ist die *Deutsche Welle* oft die einzige Verbindung mit der Heimat und mit der _____ Sprache.

D. Schreiben

  Mein Promi-Leben

Schritt 1: Stellen Sie sich vor, Sie wären auch so prominent wie Sabine Christiansen. Was für Möglichkeiten hätten Sie im Leben?

1. Was könnten Sie tun?

   _____

   _____

2. Was sollten Sie tun?

   _____

   _____

3. Was hätten Sie als Prominente(r)?

   _____

   _____

Schritt 2: In dem Interview mit Sabine Christiansen wurde der Medienfrau diese Frage gestellt:

Ihr Name ist mittlerweile ein großes Kapital. Sie könnten, nach dem Vorbild der amerikanischen Talkmasterin Oprah Winfrey, die Marke ausbauen, eine eigene Zeitschrift herausgeben, Spezial-Sendungen produzieren . . .

Würden Sie auch Ihren Namen als Marke anwenden, oder wären Sie eher vorsichtig wie Sabine? Was würden Sie **auf jeden Fall** machen, und was würden Sie **auf keinen Fall** machen? Machen Sie zwei Listen von Verben und Verbphrasen.

1. Was würden Sie **auf jeden Fall** machen?

VERBEN	KONJUNKTIV II	
kämpfen	Ich würde auf jeden Fall . . .	*für die Umwelt kämpfen.*
_____		_____
_____		_____
_____		_____
_____		_____

2. Was würden Sie **auf keinen Fall** machen?

VERBEN	KONJUNKTIV II	
herausgeben	Ich würde auf keinen Fall . . .	*eine Zeitschrift herausgeben.*
_____		_____
_____		_____
_____		_____
_____		_____

Schritt 3: Jetzt schreiben Sie ihre Ideen von Schritt 1 und 2 zusammen, um einen kurzen Aufsatz über Ihr Leben als Prominente(r) zu beschreiben. Sie sollten auch neue Information einbringen, z.B. warum würden Sie die Dinge tun? Warum nicht?

z.B.

Ich würde auf jeden Fall für die Umwelt kämpfen, aber auf keinen Fall eine Zeitschrift herausgeben.

_____

_____

_____

_____

_____

_____

_____

_____

_____

24
Schreibaufgabe: Brief an die Deutschprofessorin / den Deutschprofessor

Schreiben Sie einen Brief an Ihren Professor / Ihre Professorin. Sie möchten in Hamburg ein Praktikum *(internship)* machen und brauchen ein Empfehlungsschreiben *(letter of recommendation)*. Erfinden Sie eine Firma oder eine Branche, die Sie interessiert. Nehmen Sie das folgende Beispiel als Modell.

Sehr geehrte Frau Professor Weiser,

ich möchte bei der Firma *Digital Media* in Hamburg ein Praktikum machen und wäre Ihnen sehr dankbar, wenn Sie ein Empfehlungsschreiben für mich schreiben könnten. Ich interessiere mich sehr für das Verlagswesen und neue Medien. *Digital Media* ist eine erfolgreiche, junge Firma, in der ich viel über das Berufsleben in Deutschland und die Medienbranche lernen kann. Mein Deutsch ist im letzten Semester sehr viel besser geworden. Ich lese viel und höre viele Podcasts von Deutsche Welle und Goethe-Institut. Ich höre nur noch deutsche Musik und sehe viele Filme auf Deutsch. Ich würde sehr gerne einige Monate in Hamburg verbringen. Ich wäre Ihnen sehr dankbar, wenn Sie mir helfen könnten.

Vielen Dank für Ihre Mühe.

Mit freundlichen Grüßen

_____

_____

_____

_____

_____

_____

_____

_____

_____

_____

Leipzig

A. Wortschatz

Mündliches

Hören

1

Track 1-35

Station Leipzig

Kreuzen Sie an, welche Wörter Sie hören.

- ❑ Wahrzeichen
- ❑ Erbe
- ❑ Konzertorchester
- ❑ Hauptstadt
- ❑ Messe
- ❑ Jubiläum
- ❑ Universität
- ❑ Wohnort

- ❑ Ausgangspunkt
- ❑ Veranstaltung
- ❑ Wiedervereinigung
- ❑ Renovierung
- ❑ Gründerzeit
- ❑ Sanierung
- ❑ Villa
- ❑ Abriss

2

Track 1-36

„Die Prinzen"

Hören Sie zu und ergänzen Sie die Lücken.

Leipzig ist nicht nur für seine schönen (1) _____ aus der Gründerzeit

bekannt, sondern auch als Musikstadt. Auf der (2) _____ des Leipziger

Gewandhauses hatte beispielsweise Clara Schumann ihren ersten (3) _____.

Auch die Mitglieder der bekannten Popgruppe „die Prinzen" kommen aus Leipzig. Ursprünglich hießen

sie „Herzbuben", aber nach der (4) _____ nannte sich die Gruppe

um und (5) _____ es schnell, in ganz Deutschland Erfolg zu haben. Ihre

erste Single, „Gabi und Klaus", (6) _____ sich zu einem riesigen Hit.

1997 (7) _____ „Die Prinzen" bei der Aktion „Helfen statt Hauen" gegen

den Rechtsradikalismus _____ und 2006 feierten sie ihr 15-jähriges

(8) _____.

Sprechen

Track 1-37

3 Fragen über Leipzig

Sie hören sechs Fragen über Leipzig. Benutzen Sie bei Ihren Antworten die vorgegebenen Elemente.

Sie hören: Wo hatte Clara Schumann ihren ersten Auftritt?

Sie lesen: im Leipziger Gewandhaus

Sie sagen: Clara Schumann hatte ihren ersten Auftritt im Leipziger Gewandhaus.

Sie hören: Richtig, Clara Schumann hatte ihren ersten Auftritt im Leipziger Gewandhaus.

1. im Leipziger Gewandhaus
2. Gebäude aus der Gründerzeit
3. um die Jahrhundertwende
4. gegen die Regierung der DDR
5. friedlich
6. auf dem Messegelände

Track 1-38

4 Auf nach Leipzig (Redemittel)

Sie wollen mit einer Gruppe Leipzig besuchen. Benutzen Sie bei Ihren Antworten die vorgegebenen Elemente.

Sie hören: Es gibt so viel zu entdecken in Leipzig. Morgen wollen wir die Stadt besichtigen. Was schlägst du vor ?

Sie lesen: Ich schlage vor: zuerst / in einem Café / frühstücken

Sie sagen: Ich schlage vor, zuerst in einem Café zu frühstücken.

Sie hören: Aha, du schlägst also vor, zuerst in einem Café zu frühstücken.

1. Ich schlage vor: zuerst / in einem Café / frühstücken
2. Ich würde vorschlagen: dann / einen Spaziergang durch die Innenstadt / machen
3. Es wäre keine schlechte Idee: in Auerbachs Keller / Mittag / essen
4. Wie wäre es: die Nikolaikirche / besichtigen
5. Es wäre auch schön: das Wohnhaus von Felix Mendelssohn-Bartholdy / besuchen
6. Es wäre ratsam: nicht zu spät / ins Hotel / zurückgehen

Schriftliches

5 Wohnprobleme in Leipzig

Ergänzen Sie die Lücken mit den folgenden Verben aus dem Wortschatz.

abreißen • sich . . . entwickeln • pflegen • schaffen • schlagen . . . vor • stehen . . . leer • vernachlässigt • versuchen

1. Während der Zeit der DDR wurden die alten Häuser _____, weil damals viele billige Wohnanlagen gebaut wurden.

2. Viele alte Wohnungen _____ jetzt _____, weil sie noch nicht saniert worden sind.

3. Ständig _____ die Stadtplaner, das Problem zu lösen.

4. Sollen sie die alten Gebäude _____, um neue Stadtviertel bauen zu können?

5. Sollen sie die alten Häuser _____, damit sie als Wohnraum wieder

attraktiv sind?

6. Sollen sie neue Wohnmöglichkeiten _____?

7. Wie wird _____ Leipzig in den kommenden Jahren

_____?

8. Was _____ Sie der Stadt _____?

6 | Was gehört zusammen?

Finden Sie eine passende Beschreibung für jedes Wort und schreiben Sie den entsprechenden Buchstaben daneben.

1. _____ die Bühne
2. _____ die Gebühr
3. _____ die Messe
4. _____ der Müll
5. _____ die Oper
6. _____ die Sanierung
7. _____ das Stadthaus
8. _____ die Einnahmen
9. _____ das Jubiläum
10. _____ der Westen

a. hier kann man ein Werk von Wagner hören
b. eine besondere Feier
c. was man verdient
d. die alte BRD
e. wo Clara Schumann Klavier spielte
f. was man bezahlen muss
g. eine Renovierung
h. hier kann man wohnen
i. was man in die Mülltonne tut
j. eine große Veranstaltung, bei der Produkte gezeigt werden

7 | Leipzig gestern und heute

Bilden Sie Sätze über die Stadt Leipzig mit den folgenden Phrasen.

1. friedliche Revolution

_____

2. Gebäude aus der Gründerzeit

_____

3. neue Wohnanlagen

_____

4. in der Stadt

_____

5. in manchen Stadtteilen

_____

8   ## Redemittel: Vorschläge machen und Rat geben

Machen Sie Vorschläge für einen Besuch in Leipzig. Bilden Sie Sätze mit den folgenden Begriffen, indem Sie mit den vorgegebenen Redemitteln beginnen.

z.B.   in Auerbachs Keller / essen / gehen

Ich schlage vor, _in Auerbachs Keller essen zu gehen_

1. das Bosehaus / besichtigen

   Ich würde vorschlagen, zuerst _____.

2. wir / mit der Straßenbahn / fahren

   Wie wäre es, wenn _____.

3. einmal / ins Gewandhaus / gehen

   Es wäre keine schlechte Idee, _____.

4. ein Konzert / hören

   Es wäre schön, _____.

5. die Karten / jetzt gleich / kaufen

   Es wäre ratsam, _____.

B. Strukturen

Mündliches

Hören

9   ## Lokalnachrichten (Konjunktiv I)

Track 1-39

Ein Freund liest Ihnen die Lokalnachrichten aus der Zeitung vor. Kreuzen Sie an, ob die Aussagen richtig (R) oder falsch (F) sind. Verbessern Sie die falschen Aussagen.

		R	F
1.	In der Zeitung steht, bei einem Bankraub in der Leipziger Innenstadt habe man 50.000 Überweisungsformulare gestohlen.	❏	❏
2.	In der Zeitung steht, Angela Merkel habe auf dem Augustusplatz eine Rede gehalten.	❏	❏
3.	In der Zeitung steht, ein Wissenschaftler der Universität sei für den Nobelpreis nominiert worden.	❏	❏
4.	In der Zeitung steht, das MDR-Sinfonieorchester gebe ein Konzert im Gewandhaus.	❏	❏
5.	In der Zeitung steht, im Naturkundemuseum werde eine Sonderausstellung zum Thema „Mensch und Natur" eröffnet.	❏	❏
6.	In der Zeitung steht, morgen hätten alle Kinder hitzefrei.	❏	❏

Reise nach Leipzig (Satzarten)

Track 1-40

Stefan und Stephanie reisen nach Leipzig. Hören Sie zu und verbinden Sie die passenden Satzteile.

1. Stefan und Stephanie reisen nach Leipzig, _____

2. Stefan muss unbedingt die Thomaskirche besuchen, _____

3. Stephanie möchte das Gewandhausorchester hören _____

4. Stefan würde gern die Universität besichtigen, _____

5. Am Abend gehen sie nicht ins Konzert, _____

6. Bei der Rückfahrt schlägt Stefan vor, _____

a. aber Stephi hat gar keine Lust.

b. und sie will auch in die Oper gehen.

c. weil sie sich für Musik interessieren.

d. dass sie das nächste Mal auf die Buchmesse gehen könnten.

e. denn Bach hat da als Musikdirektor gearbeitet.

f. sondern besuchen die „Mephistobar" in Auerbachs Keller.

Sprechen

Montagsdemonstrationen (Konjunktiv I)

Track 1-41

Was haben Sie über die Montagsdemonstrationen gehört? Benutzen Sie bei Ihren Antworten die vorgegebenen Elemente und den Konjunktiv I.

Sie hören: Was haben Sie über die Montagsdemonstrationen gehört?

Sie lesen: . . . sie seien ein wichtiger Teil in der Geschichte der Wende.

Sie sagen: Ich habe gehört, sie seien ein wichtiger Teil in der Geschichte der Wende.

Sie hören: Aha, Sie haben gehört, die Montagsdemonstrationen seien ein wichtiger Teil der Wende.

1. . . . sie seien ein wichtiger Teil in der Geschichte der Wende.

2. . . . die erste Demonstration habe am 4. September 1989 stattgefunden.

3. . . . das sei der traditionelle Termin der Friedensgebete in den Leipziger Kirchen.

4. . . . einen Monat später sei dann die erste Massendemonstration gewesen.

5. . . . einige prominente Leipziger hätten ein Eingreifen des Staats verhindert.

6. . . . einer der Prominenten sei der ehemalige Gewandhauskapellmeister Kurt Masur gewesen.

7. . . . es gebe auch heute wieder Montagsdemonstrationen in Leipzig.

Leipziger Allerlei (Konjunktiv I)

Was haben Sie im Reiseführer über Leipzig gelesen? Beantworten Sie die Fragen mit dem Konjunktiv I und benutzen Sie dabei die vorgegebenen Elemente.

Track 1-42

Sie hören: Was haben Sie über Leipzig gelesen?

Sie lesen: Die Stadt hat über eine halbe Million Einwohner.

Sie sagen: Die Stadt habe über eine halbe Million Einwohner.

Sie hören: Aha, Sie haben gelesen, die Stadt habe über eine halbe Million Einwohner.

1. Die Stadt hat über eine halbe Million Einwohner.

2. Die Stadt ist ein historisches Zentrum des Buchdrucks.

3. Leipzig ist Hauptsitz des Mitteldeutschen Rundfunks.

4. Man kann bekannte Kabarettgruppen wie „die Akademixer" sehen.

5. Es gibt fünf bekannte Chöre in Leipzig.

6. Leipziger Allerlei ist ein Regionalgericht aus gemischtem Gemüse.

7. Die schwarze Szene trifft sich jedes Jahr zum Wave-Gotik-Treffen.

8. Die alternative Messe zur Popkultur heißt „Pop Up".

Schriftliches

13 Mehr Lokalnachrichten (Konjunktiv I)

Die folgenden Zitate zu einer Leipziger Lokalzeitung sind im Konjunktiv I der indirekten Rede. Schreiben Sie die Zitate neu im Indikativ.

 Bundeskanzlerin Angela Merkel besuche nächste Woche Leipzig. →

Bundeskanzlerin Merkel besucht am Wochenende Leipzig.

1. Die Passagierzahlen am Flughafen Leipzig/Halle seien stabil.

_____

2. Die Leipziger Messe suche einen neuen Geschäftsführer.

_____

3. In Plagwitz fänden am Wochenende die Leipziger Eisenbahntage statt.

_____

4. Ein Terrier habe einen Fußgänger vor dem Einkaufszentrum gebissen.

_____

5. 1990 habe man die erste ostdeutsche Aids-Hilfe in Leipzig gegründet.

_____

6. In Leipzig-Gohlis sei ein Straßenbahnfahrer attackiert worden.

_____

7. Die Absolventen der Handelshochschule Leipzig würden ihr eigenes Online-Portal für die Wirtschaft

entwickeln.

_____

8. Einbrecher hätten zweimal hintereinander in die gleiche Wohnung eingebrochen.

_____

14 Ein Verbrechen in Leipzig! (Konjunktiv I)

Bei Herrn Hüber wurde eingebrochen! Seine geliebte Originalkomposition von Bach wurde gestohlen! Aber wer hat es getan? Die folgenden Leute sind im Verdacht (are suspects). Schreiben Sie ihre Reaktionen auf die Anklage (accusation) im Konjunktiv I.

1. Die Klavierlehrerin: „Ich bin nicht schuldig!"

   Die Klavierlehrerin, sagt, sie sei . . . _____

2. Der Sohn: „Die Polizei hat kein Recht, mich zu verdächtigen!"

   Der Sohn sagt, _____

3. Der Briefträger: „Ich kenne den Mann überhaupt nicht!"

   Er sagt, _____

4. Frau Hüber: „Er ist aber mein Mann!"

   Sie sagt, _____

5. Die Vermieterin: „Herr Hüber lügt!"

   Sie sagt, _____

6. Der Zeitungsjunge: „Ich habe nichts damit zu tun!"

   Er sagt, _____

15   Ein gutes Alibi (Konjunktiv I)

Die Verdächtigen *(suspects)* erzählen, was sie zur Zeit des Verbrechens gemacht haben. Benutzen Sie den Konjunktiv I.

1. Der Nachbar: „Ich war den ganzen Tag lang in der Kneipe."

   Er sagte, _____

2. Der Sohn: „Ich habe in der Bibliothek gelernt."

   Er sagte, _____

3. Der Briefträger: „Ich bin natürlich durch die Nachbarschaft gelaufen."

   Er sagte, _____

4. Frau Hüber: „An diesem Nachmittag habe ich einen Einkaufsbummel gemacht."

   Sie sagte, _____

5. Die Vermieterin: „Ich habe um diese Zeit geschlafen."

   Sie sagte, _____

6. Der Zeitungsjunge: „Ich bin nicht sicher, wo ich war."

   Er sagte, _____

16   Ein Liebesbrief (Konjunktiv I)

Lesen Sie die folgenden Zitate von Robert Schumanns Liebesbrief an Clara. Schreiben Sie dann die Zitate in der indirekten Rede (Konjunktiv I).

 z.B.   **Ich liebe dich so sehr.** →

   Er schrieb, er liebe sie so sehr.

1. Ich will immer bei dir sein.

   _____

2. Du bist mir wichtiger als die ganze Musik der Welt.

   _____

3. Ohne dich kann ich nicht leben.

   _____

4. Wir sollen heiraten, auch ohne die Zustimmung deines Vaters.

   _____

5. Deine Augen bezaubern mich.

   _____

6. Ein Leben ohne dich hat keinen Sinn.

_____

7. Deine Eltern verstehen unsere Liebe nicht.

_____

8. Ich hoffe, dass du mich auch so liebst.

_____

17 **Zitate verschiedenster Art (Satzarten)**

Finden Sie ein Ende für jeden Satzanfang. Dann schreiben Sie den passenden Buchstaben neben die Zahl. Achten Sie dabei auf den Satztyp.

1. Bleibt daher fest _____

2. Die Blumen sind für alle Leipziger, _____

3. Die Nikolaikirche, _____

4. In keinem Moment jener zwei Stunden, _____

5. Wir mussten verhindern, _____

6. Als der Zug fast vorbei ist, _____

7. Wir sind von der Entwicklung in unserer

Stadt betroffen _____

8. Wir bitten Sie dringend um

Besonnenheit, _____

a. in der um 17 Uhr das traditionelle Friedensgebet beginnt, hat bereits eine halbe Stunde zuvor keinen Platz mehr frei.

b. und wir suchen nach einer Lösung.

c. die in den letzten Wochen verhaftet wurden, weil sie sich in Demokratie geübt hatten.

d. damit der friedliche Dialog möglich wird.

e. ertönt plötzlich ein Appell (appeal).

f. die der Zug rund um die City braucht, kommt das Gefühl von Gefahr oder Konfrontation auf.

g. und lasst euch nicht von Neuem das Joch der Knechtschaft auflegen.

h. dass etwas zerstört wird.

18 **Neo Rauch (Satzarten)**

Schreiben Sie ganze Sätze mit den einzelnen Elementen.

1. sein: Neo Rauch / ein deutscher Maler / und / einer der Gründer der „Neuen Leipziger Schule"

_____

_____

2. sterben: vier Wochen nach seiner Geburt 1960 / seine Eltern / bei einem Zugunglück

_____

3. aufwachsen: deshalb / er / bei seinen Großeltern

_____

4. studieren / sein: er / Malerei / an der Leipziger Hochschule für Grafik und Buchkunst / dort auch / Professor von 2005–2009

_____

_____

5. bekommen: 1997 / er / den Kunstpreis der Leipziger Volkszeitung

_____

6. haben: nach einer Retrospektive im Kunstmuseum Wolfsburg 2006 / er / eine Ausstellung / im Metropolitan Museum of Art in New York

_____

_____

7. interpretieren: seinen Stil / man / als eine Mischung aus Surrealismus, Pop-Art und magischer Realismus

_____

_____

8. finden können: eines seiner bekanntesten Gemälde / man / bei Brad Pitt

_____

19 Persönliches (Satzarten)

Schreiben Sie die Sätze weiter, so dass sie für Sie zutreffen.

1. Ich wäre gern in Leipzig, aber _____.

2. Ich würde (nicht) gerne nach Leipzig fahren, denn _____.

3. Ich kann heute _____, wenn _____.

4. Wenn das Wetter schön ist, _____.

5. Weil ich zu wenig _____, habe, kann ich nicht

   _____.

6. Ich will heute keine Hausaufgaben machen, sondern lieber _____.

7. Mir gefällt nicht, dass _____.

8. Ob _____, weiß ich nicht.

C. Lesen

20 Vor dem Lesen

Ordnen Sie den folgenden Phrasen die passenden Übersetzungen zu:

1. _____ das bekannteste Restaurant in Leipzig

2. _____ ein Professor namens Stromer

3. _____ einen Platz reservieren lassen

4. _____ kommt in Goethes *Faust* vor

5. _____ man sagt, Faust hätte sich über die Männer lustig gemacht

6. _____ der Wirt soll ihm das Fass versprochen haben

7. _____ also habe sich Faust auf das Fass gesetzt

8. _____ er sei hinaus auf die Straße geritten

a. *have a table reserved*

b. *the owner allegedly promised him the barrel*

c. *is referred to in Goethe's* Faust

d. *the most famous restaurant in Leipzig*

e. *a professor named Stromer*

f. *it is said, Faust supposedly made fun of the men*

g. *so Faust purportedly straddled the barrel*

h. *he supposedly rode out into the street*

Auerbachs Keller und die Legende von Dr. Faust

Auerbachs Keller ist das bekannteste Restaurant in Leipzig. Es liegt unter der Mädlerpassage in der Grimmaischen Straße direkt im Zentrum der Stadt. Schon seit 1525 wird dort Wein ausgeschenkt. Der ursprüngliche *(original)* Besitzer war ein Medizinprofessor namens Dr. Heinrich Stromer. Weil er aus einem Ort namens Auerbach kam, nannte man ihn „Dr. Auerbach" und sein Weinlokal wurde deshalb „Auerbachs Keller" genannt.

Der Große Keller wurde 1913 renoviert, als die Mädlerpassage gebaut wurde. Aber die vier kleineren, historischen Stuben verraten das wirkliche Alter dieses Restaurants: Es gibt den *Fasskeller*, das *Lutherzimmer*, das *Goethezimmer* und die Stube *Alt-Leipzig.* Wer in den historischen Gaststuben essen und trinken möchte, sollte seinen Platz vorher reservieren lassen, denn Auerbachs Keller ist ein beliebtes Ziel für Touristen.

Auerbachs Keller ist vor allem bekannt geworden, weil er in Goethes Drama *Faust* vorkommt. Goethe hat von 1765 bis 1768 in Leipzig studiert und war selbst oft in Auerbachs Keller. Dort sah Goethe Bilder über die Legende von Dr. Johann Faust, von dem man erzählte, er sei im Jahr 1525 auf einem Fass aus dem Keller geritten.

Dieser Legende nach sagt man, Dr. Faust sei 1525 als Professor für Magie in Wittenberg gewesen und sei mit einigen Studenten nach Leipzig gekommen, um die Messe zu besuchen. Als sie an Auerbachs Keller vorbeikamen, sahen sie ein paar Männer ein Weinfass aus dem Keller tragen. Man sagt, Faust hätte sich über die Männer lustig gemacht und behauptet, er könne das Fass alleine aus dem Keller transportieren. Der Wirt soll ihm das Fass versprochen haben, wenn er es alleine aus dem Keller schafft. Also habe sich Faust auf das Fass gesetzt, und sei darauf hinaus auf die Straße geritten.

21 | Definitionen

Wählen Sie jeweils die passenden Definitionen für die folgenden Begriffe:

1. _____ Auerbachs Keller

   a. historisches Restaurant in Leipzig

   b. Weinkeller unter der Nikolaikirche

   c. alchemistisches Laboratorium des Dr. Faust

2. _____ Heinrich Stromer

   a. wandernder Magier

   b. Medizinprofessor und Besitzer von Auerbachs Keller

   c. Figur in Goethes Drama *Faust*

3. _____ Goethezimmer

   a. exklusives Zigarrengeschäft in der Mädlerpassage

   b. literarisches Museum in Leipzig

   c. historische Gaststube in Auerbachs Keller

4. _____ Dr. Johann Faust

   a. Medizinprofessor aus Leipzig, der mit seinen Studienfreunden regelmäßig in Auerbachs Keller saß

   b. Mann, von dem man erzählt, er sei als Professor für Magie in Wittenberg gewesen und 1525 auf einem Fass aus Auerbachs Keller geritten

   c. Freund Goethes aus seiner Studienzeit in Leipzig, der nach seinem Studium das Lokal „Auerbachs Keller" eröffnete

22 **Satztile verbinden**

Bilden Sie aus den folgenden Satzteilen sinnvolle Sätze.

1. Die Mädlerpassage liegt _____

2. Der Medizinprofessor Heinrich Stromer nannte sich Auerbach, _____

3. Als die Mädlerpassage gebaut wurde, _____

4. Wenn man in den historischen Stuben essen möchte, _____

5. Man sagt, als Dr. Faust als Magier in Wittenberg war, _____

6. Goethe war oft in Auerbachs Keller, _____

7. Goethe hat in Auerbachs Keller Bilder gesehen, _____

a. sollte man einen Tisch reservieren.

b. sei er mit ein paar von seinen Studenten nach Leipzig auf die Messe gekommen.

c. die die Legende von Dr. Faust illustrieren.

d. als er in Leipzig studierte.

e. weil er aus Auerbach kam.

f. direkt im Zentrum von Leipzig.

g. wurde der Große Keller umgebaut.

23 **Wahrheit order Legende?**

Sagen Sie, ob die folgenden Sätze wahr sind (man weiß sicher, dass es stimmt), oder ob sie Teil einer Legende sind (man weiß nicht, ob es wahr ist).

		WAHRHEIT	LEGENDE
1.	Auerbachs Keller ist das bekannteste Restaurant in Leipzig.	☑	☐
2.	Dr. Faust war 1525 als Professor für Magie in Wittenberg.	☐	☑
3.	Schon 1525 wurde in Auerbachs Keller Wein ausgeschenkt.	☐	☐
4.	Heinrich Stromer kam aus Auerbach.	☐	☐
5.	Als Faust und seine Studenten an Auerbachs Keller vorbeikamen, sahen sie ein paar Männer mit einem Weinfass.	☐	☐
6.	Faust ist auf dem Fass aus dem Keller geritten.	☐	☐
7.	Durch Goethes *Faust* ist Auerbachs Keller bekannt geworden.	☐	☐
8.	1913 ist der Große Keller renoviert worden.	☐	☐

D. Schreiben

Chronik eines Verbrechens

Bei Herrn Hüber wurde eingebrochen! Seine geliebte Originalkomposition von Bach wurde gestohlen! Aber wer hat es getan? Jetzt schreiben Sie Ihren eigenen Polizeibericht.

Schritt 1: Im weiteren Gespräch stellt der Polizist Fragen über Herrn Hüber. Wählen Sie eine der Personen (den Nachbarn, den Sohn, den Briefträger, Frau Hüber, die Vermieterin, den Zeitungsjungen) und schreiben Sie eine Antwort auf jede Frage. Benutzen Sie dabei die erste Person Singular (**ich**).

POLIZIST: Sehen Sie Herrn Hüber oft?

_____

POLIZIST: Was für eine Person ist Herr Hüber?

_____

_____

POLIZIST: Was für eine Beziehung haben Sie zu Herrn Hüber?

_____

_____

POLIZIST: Haben Sie irgendein Problem mit Herrn Hüber?

_____

_____

Schritt 2: Die verdächtigte Person hat auch noch die Möglichkeit ihr Alibi ausführlich (im Detail) zu erklären. Schreiben Sie eine kurze Beschreibung darüber, was diese Person am Nachmittag des Verbrechens gemacht hat.

POLIZIST: Was haben Sie an diesem Nachmittag gemacht?

_____

_____

_____

_____

_____

_____

_____

_____

_____

_____

_____

Schritt 3: Benutzen Sie die obigen Antworten, um einen Polizeibericht zu schreiben. Benutzen Sie dabei wenn möglich den Konjunktiv I. Denken Sie auch anden Tempus. Die folgenden Verben könnten hilfreich sein:

antworten • behaupten *(to claim)* • erklären • erzählen • sagen

_____

_____

_____

_____

_____

_____

_____

_____

_____

_____

_____

_____

_____

_____

_____

_____

_____

_____

_____

_____

_____

_____

_____

_____

_____

_____

_____

_____

_____

25 **Schreibaufgabe: Kurzbericht**

Berichten Sie von einem Ereignis oder einer Veranstaltung auf Ihrem Uni-Campus. Gab es eine interessante Vorlesung, ein Theaterstück, eine Demonstration oder eine andere interessante Veranstaltung, von der Sie berichten können? Nehmen Sie den folgenden Bericht als Modell.

Besuch des Dalai-Lama in Leipzig

Vor kurzem hat der Dalai-Lama auf Einladung des Tibetischen Zentrums in Leipzig mehrere öffentliche Vorträge gehalten. Rund um die Hauptveranstaltung mit S. H. dem Dalai-Lama gab es ein religiöses, kulturelles und politisches Rahmenprogramm. Höhepunkt des Rahmenprogramms war ein Konzert des weltberühmten Rockgitarristen John McLaughlin. Der erste Vortrag des Dalai-Lama hatte das Thema „Frieden lernen – Die Praxis der Gewaltlosigkeit". Dieser und ein weiterer Vortrag zum Thema „Mitgefühl in der globalisierten Welt" fand im vollständig ausverkauften Hauptgebäude der Universität statt. Er sagte, es sei eine besondere Ehre, in der Stadt der friedlichen Revolution begrüßt zu werden. Nach seinem Besuch in Leipzig kehrte der Dalai-Lama in sein indisches Exil zurück.

_____

_____

_____

_____

_____

_____

_____

_____

_____

_____

_____

_____

_____

_____

_____

_____

_____

Frankfurt

A. Wortschatz

Mündliches

Hören

1

Track 1-43

Station Frankfurt

Ergänzen Sie die Lücken mit den Wörtern, die Sie hören.

In Frankfurt sind viele internationale Banken (1) _____, und das Stadtbild

wird von vielen Wolkenkratzern bestimmt. (2) _____ ein Drittel der

Bevölkerung in Frankfurt besteht aus ausländischen Bürgern, und das internationale Flair der Stadt

kann man auf den Straßen (3) _____. Für diese multikulturelle

(4) _____ gibt es sogar ein offizielles Amt für multikulturelle

(5) _____. Der Frankfurter (6) _____ ist der

größte in Deutschland und ein zentrales Drehkreuz für den europäischen Luftverkehr. Auf der alljährlich

stattfindenden internationalen Buchmesse findet man (7) _____

Verlage und (8) _____ aus der ganzen Welt.

2

Track 1-44

Die Buchhändlerschule

Sie hören einen Bericht über die Frankfurter Buchhändlerschule. Kreuzen Sie an, ob die Aussagen richtig (R) oder falsch (F) sind. Verbessern Sie die falschen Aussagen.

		R	F
1.	Die Buchhändlerschule wurde 1962 eröffnet.	❑	❑
2.	Das Schulgebäude ist ein Hochhaus.	❑	❑
3.	Zweihundertsechzig Auszubildende werden auf das Berufsleben vorbereitet.	❑	❑
4.	Das Internat wurde von Goethes Urenkel gegründet.	❑	❑
5.	Viele Schüler mögen die gemütliche Atmosphäre und die Umgebung, in der man schöne Spaziergänge machen kann.	❑	❑
6.	Es gibt regelmäßig internationale Kooperationen.	❑	❑

75

Sprechen

3

Track 1-45

Wo kann man das machen?

Sie hören sechs Fragen. Benutzen Sie bei Ihren Antworten die vorgegebenen Elemente.

Sie hören: Wo kann man schwimmen gehen?

Sie lesen: in einer Badeanstalt

Sie sagen: In einer Badeanstalt kann man schwimmen gehen.

Sie hören: Richtig, in einer Badeanstalt kann man schwimmen gehen.

1. in einer Badeanstalt
2. am Flughafen
3. auf der internationalen Buchmesse
4. im Dampfbad
5. am Strand
6. im Fluss

4

Track 1-46

Fragen über Frankfurt

Sie hören sechs Fragen über Frankfurt. Benutzen Sie bei Ihren Antworten die vorgegebenen Elemente.

Sie hören: Wo wird mit Aktien gehandelt?

Sie lesen: an der Frankfurter Börse

Sie sagen: An der Frankfurter Börse wird mit Aktien gehandelt.

Sie hören: Genau, an der Frankfurter Börse wird mit Aktien gehandelt.

1. an der Frankfurter Börse
2. ein Drittel aller Frankfurter
3. der Main
4. der Buchhandel
5. Wolkenkratzer und Gründerzeitbauten
6. Amt für multikulturelle Angelegenheiten

Schriftliches

5

Komposita

Vervollständigen Sie die folgende Tabelle.

 z.B.

das Bad	+	_____ Anzug	=	_____ Badeanzug	
1. das _____	+	_____ Anzug	=	_____ Badeanzug	
2. _____ Buch	+	_____ Druck	=	der _____	
3. der _____	+	das _____	=	_____ Dampfbad	
4. _____ Flug	+	der _____	=	_____ Flughafen	
5. _____ Körper	+	_____ Kultur	=	_____ Körperkultur	
6. schwimmen	+	_____ Bekleidung	=	die _____	
7. _____ Wolken	+	der _____	=	_____ Wolkenkratzer	
8. _____ Zeit	+	_____ Schrift	=	die _____	

6 **Damals in Deutschland . . .**

Ergänzen Sie die Sätze mit den passenden Wörtern.

verbrachte • Zukunft • Pille • Arbeitsleben • Fortbewegungsmittel • mehr Einfluss

1. Vor langer Zeit hatte die Kirche _____ als heute.

2. Das wichtigste _____ war damals das Fahrrad.

3. Das _____ der meisten Menschen hatte mit Industrie und Produktion zu tun.

4. Seit es die _____ gibt, sind die Familien kleiner geworden, weil weniger Kinder geboren werden.

5. Man _____ seine Urlaube zu Hause oder bei Verwandten.

6 Man hatte vielleicht weniger Angst vor der _____.

7 **Das erste Mal im deutschen Schwimmbad**

Ergänzen Sie die Lücken im Dialog mit den passenden Wörtern aus der Liste.

Angelegenheit • Badeanstalt • Freizügigkeit • Körperkultur • oben ohne • Oberteil • Schwimmbekleidung • überrascht

BERNDT: Das ist aber eine schöne (1) _____. Es gibt zwei Schwimmbäder

und auch ein Planschbecken *(wading pool)* für die Kinder.

JASON: Hey, Berndt! Da ist jemand (2) _____! Die Frau trägt ja kein

(3) _____! Also über die (4) _____

hier bin ich ja ganz schön (5) _____.

BERNDT: Das ist eben eine andere (6) _____ in Deutschland. Der

menschliche Körper ist für manche eben was ganz natürliches.

JASON: Die (7) _____ für Männer ist auch sehr merkwürdig. Trägst du

diese kleine Badehose gern?

BERNDT: Die tragen doch alle hier. Das ist eine ganz normale Badehose. Und was ich zum Schwimmen

anziehe ist doch meine (8) _____!

8 **Fragen an Sie**

Was glauben Sie? Schreiben Sie eine kurze Antwort mit Ihrer Meinung zu jeder Frage.

1. Was ist Ihrer Meinung nach das Beste am Commerzbank-Wolkenkratzer?

_____

2. Finden Sie, man sollte Nacktheit immer zensieren?

_____

3. Was ist Ihrer Meinung nach der interessanteste Aspekt der Stadt Frankfurt?

_____

4. Welchen Flughafen finden Sie am angenehmsten *(most comfortable)*? Warum?

_____

5. Ist Deutschland ein attraktives Land für Einwanderer?

_____

6. Ist der Einbürgerungsprozess in Deutschland einfacher als in Ihrem Land?

_____

9 Redemittel: Beispiele geben

1. Was finden Sie in Frankfurt besonders interessant?

   Zum Beispiel _____.

2. Was ist in Deutschland ganz anders als in Ihrem Land?

   Beispielsweise _____.

3. Was ist beim Einbürgerungsprozess in Ihrem Land anders als in Deutschland?

   Mir fällt zum Beispiel ein, dass _____.

4. Was hat sich in den letzten 50 Jahren in Ihrem Land verändert?

   Nehmen wir als Beispiel _____.

5. Was gefällt Ihnen an Ihrem Land?

   Ich finde zum Beispiel, dass _____.

B. Strukturen

Mündliches

Hören

10 Die Stadtratssitzung (Passiv)

Track 1-47

Sie hören einen Bericht über eine Stadtratssitzung in Frankfurt. Kreuzen Sie an, ob die Aussagen richtig (R) oder falsch (F) sind. Verbessern Sie die falschen Aussagen.

		R	F
1.	Gestern wurde die letzte Sitzung des Frankfurter Stadtrats abgehalten.	❏	❏
2.	Um 11 Uhr wurde die Sitzung eröffnet.	❏	❏
3.	Ein neues Konzept zur Bekämpfung der Arbeitslosigkeit wurde bei der Sitzung vorgestellt.	❏	❏
4.	Während der Sitzung wurde nicht viel gesprochen.	❏	❏
5.	Ein neuer Plan wurde gefordert.	❏	❏
6.	Nach der Sitzung wurden Kaffee und Kuchen serviert.	❏	❏

11 Kulturstadt Frankfurt (Passiv)

Hören Sie gut zu und ergänzen Sie die Lücken.

Für die Kultur (1) _____ in Frankfurt viel _____.

Im Internet gibt es ein Kulturportal, wo über das gesamte Angebot der Stadt

(2) _____ _____. Zum Beispiel findet seit

1998 alljährlich ein Kunstsupermarkt statt, bei dem mit der Einrichtung und den günstigen Preisen

eines Supermarkts (3) _____ _____. Von

40 Künstlern (4) _____ hier jeweils mindestens 40 verschiedene Objekte

_____. Die Frankfurter Oper (5) _____

2003 vom Fachmagazin *Opernwelt* zum „Opernhaus des Jahres" _____,

und an Einrichtungen wie etwa Dr. Hochs Konservatorium (6) _____ jedes

Jahr viele junge Musiker _____. Zu den berühmten Schülerinnen und

Schülern dieser Musikakademie (7) _____ übrigens auch Clara Schumann

_____. Auch Design hat einen wichtigen Stellenwert im kulturellen Leben

der Stadt: beispielsweise (8) _____ die Fachzeitschrift *Form*, die führende

deutschsprachige Publikation für Industriedesign, Grafikdesign und Multimedia, bereits seit 1957 in

Frankfurt _____.

Sprechen

12 In Frankfurt (Passiv)

Was wird an diesen Orten gemacht? Benutzen Sie bei Ihren Antworten die vorgegebenen Elemente und das Passiv.

Sie hören: Was wird im Frankfurter Filmmuseum gemacht?

Sie lesen: im Frankfurter Filmmuseum Filme und Ausstellungen / zeigen

Sie sagen: Im Frankfurter Filmmuseum werden Filme und Ausstellungen gezeigt.

Sie hören: Genau, im Frankfurter Filmmuseum werden Filme und Ausstellungen gezeigt.

1. im Frankfurter Filmmuseum Filme und Ausstellungen / zeigen
2. in der Commerzbank Arena: Fußball / spielen
3. im Tigerpalast: Varieté / präsentieren
4. an der Johann-Wolfgang-Goethe-Universität: Vorlesungen und Seminare / halten
5. im Rathaus am Römerberg: über Politik / diskutieren
6. in der Werkstatt Frankfurt: über den Arbeitsmarkt / informieren

13 Im Hotel Frankfurter Hof (Passiv)

Sie haben eine neue Stelle im Frankfurter Hof. Der Chef fragt, ob sie auch alle Regeln und Pflichten verstanden haben. Antworten Sie im Passiv und benutzen Sie dabei die vorgegebenen Elemente.

Sie hören: Was muss heute alles gemacht werden?

Sie lesen: müssen / die Zimmer / aufräumen

Sie sagen: Die Zimmer müssen aufgeräumt werden.

Sie hören: Genau, die Zimmer müssen aufgeräumt werden.

1. müssen / die Zimmer / aufräumen
2. nicht dürfen / prominente Gäste / stören
3. nicht können / während der Arbeit / singen
4. sollen / Schokoladenherzen auf die Kopfkissen / legen
5. müssen / die Handtücher / waschen
6. können / Feierabend / machen

Schriftliches

14 ## Was macht man in Frankfurt? . . . (Passiv)
Ergänzen Sie die Lücken mit der richtigen Passivform des Verbs in Klammern.

z.B. In diesem Kapitel _____ *wird* _____ Frankfurt _____ *vorgestellt* _____.

(vorstellen)

1. Es _____ ein Aufsatz von Theo Sommer

   _____. (lesen)

2. Trends in Deutschland _____ _____

   (diskutieren)

3. Ein Gedicht von Goethe _____ _____

   (besprechen)

4. Es _____ über Freizügigkeit _____.

   (debattieren)

5. Das Einbürgerungsgesetz _____ _____.

   (vorstellen)

15 ## Was wird in Frankfurt gemacht? (Passiv Präsens)
Schreiben Sie Sätze im Passiv Präsens.

z.B. **am Flughafen/ viele Flugzeuge/ reparieren →**

Am Flughafen werden viele Flugzeuge repariert.

1. an der Börse / viel Geld / verdienen

   _____

2. auf der Straße / verschiedene Sprachen / sprechen

   _____

3. auf der Buchmesse / Bücher / präsentieren

   _____

4. das Goethe-Haus / von Touristen / besichtigen

   _____

16

Vor der Reise – Was ist gemacht worden? (Passiv Perfekt)

Jason ist aus Amerika am Frankfurter Flughafen angekommen. Vor der Reise hat er kaum etwas selbst erledigt. Schreiben Sie die Sätze ins Passiv Perfekt um.

 z.B.   **Meine Freundin hat meinen Koffer gepackt.** →

Mein Koffer ist von meiner Freundin gepackt worden.

1. Der Reisebürokaufmann hat meinen Flug vor zwei Monaten gebucht.

   _____

2. Der Zollbeamte *(customs agent)* hat meinen Reisepass kontrolliert.

   _____

3. Meine Mutter hat mein ganzes Gepäck getragen.

   _____

4. Mein Vater fährt mich zum Flughafen.

   _____

5. Ein Flugbegleiter hat mein Handgepäck verstaut.

   _____

17

Aus der Geschichte Frankfurts (Passiv Imperfekt)

Schreiben Sie mit den Elementen Sätze im Passiv Imperfekt.

1. 794: erwähnen / Frankfurt / erstmals / in einer Urkunde Karls des Großen

   _____

2. 1333: gründen / die heutige Innenstadt / als „Neustadt"

   _____

3. 1533: einführen / die Reformation / in der freien Reichsstadt

   _____

4. 1944: zerstören / die 1820 im Stil des Klassizismus gebaute Alte Stadtbibliothek

   _____

5. 2005: wiederaufbauen / sie / als „Literaturhaus"

   _____

6. 1959: bauen / die erste deutsche Moschee / in Frankfurt

   _____

7. seit dem Mittelalter: veranstalten / Handelsmessen

   _____

8. 1957: machen / Frankfurt / zum Sitz der Bundesbank

   _____

18

Gebrauchsanleitungen (Passiv mit Modalverben)

Ergänzen Sie die Sätze mit den passenden Passivformen aus der Liste.

getrocknet werden • gebracht werden • gewaschen werden • telefoniert werden •
gespült werden • gefahren werden • eingenommen werden • aufgeladen werden

1. Die Tabletten sollen mit Wasser _____ _____.

2. Das Auto sollte nicht schneller als 180 km/h _____.

3. Die Batterien sollen alle vier Wochen _____.

4. Die Bluse darf nicht in der Waschmaschine _____.

5. Mit dem Handy kann bis zu 8 Stunden _____ _____.

6. Der Pullover darf nicht im Trockner _____ _____.

7. Der Mantel muss in die Reinigung _____ _____.

8. Die Tasse muss von Hand _____ _____.

19

Anders gesagt (Alternativen zum Passiv)

Schreiben Sie jetzt die Gebrauchsanleitungen um und benutzen Sie dabei Alternativen zum Passiv wie angegeben.

1. man:

   _____

2. man:

   _____

3. sein . . . zu + *Infinitiv*:

   _____

4. sich lassen:

   _____

5. sich lassen:

   _____

6. man:

   _____

7. man:

   _____

8. sein . . . zu + *Infinitiv*:

   _____

20 | **Kindheitserinnerungen (Alternativen zum Passiv)**

Schreiben Sie die folgenden Passivsätze ins Aktiv um. Wenn es kein Subjekt gibt, benutzen Sie **man.**

 Das Essen wurde von der Mutter gekocht. →

Die Mutter kochte das Essen.

1. Die Kirche wurde von der ganzen Familie besucht.

   _____

2. Jeden Sonntag wurde ein Spaziergang gemacht.

   _____

3. Am Tisch wurde gegessen, aber nicht gesprochen.

   _____

4. Der Urlaub wurde bei Oma verbracht.

   _____

5. Die Großeltern wurden von der Mutter gepflegt.

   _____

6. Das Geld wurde vom Vater verdient.

   _____

21 | **Eine bessere Kindheit? (Alternativen zum Passiv)**

Schreiben Sie Vorschläge für andere Familien und benutzen Sie das Passiv mit einem Modalverb im Konjunktiv.

 Das Essen wurde von der Mutter gekocht. →

Das Essen sollte von der ganzen Familie gekocht werden.

1. Die Kirche wurde jede Woche besucht.

   _____

2. Jeden Sonntag wurde ein Spaziergang gemacht.

   _____

3. Am Tisch wurde gegessen, aber nicht gesprochen.

   _____

4. Der Urlaub wurde bei Oma verbracht.

   _____

5. Die Großeltern wurden von der Mutter gepflegt.

   _____

6. Das Geld wurde vom Vater verdient.

   _____

C. Lesen

22 ## Vor dem Lesen

Ordnen Sie den folgenen Phrasen die passenden Übersetzungen zu:

1. _____ die Arbeitermigration
2. _____ im europäischen Ausland
3. _____ Arbeiter anwerben
4. _____ ein Abkommen unterzeichnen
5. _____ in einfachen Baracken untergebracht
6. _____ vorwiegend
7. _____ unerfahrene Arbeiter
8. _____ Arbeitserlaubnis
9. _____ Gastarbeiter
10. _____ für immer bleiben

a. *inexperienced workers*
b. *in other European countries*
c. *guest workers*
d. *recruiting workers*
e. *sign an agreement*
f. *worker migration*
g. *work permit*
h. *mostly*
i. *housed in barracks*
j. *stay permanently*

Gastarbeiter in Deutschland

Die Arbeitermigration nach Deutschland begann in den 50er Jahren. In der Zeit des wirtschaftlichen Booms gab es in Deutschland nicht genug Industriearbeiter. Deshalb wurden im europäischen Ausland durch Anwerbebüros *(recruiting offices)* vor allem männliche Gastarbeiter *(guest workers)* angeworben.

Schon zu Beginn der 50er Jahre wurde im Bundeswirtschaftsministerium *(federal ministry of economics)* geplant, italienische Arbeiter anzuwerben. Durch eine Pressekampagne des Wirtschaftsministers Ludwig Erhard begann 1954 eine öffentliche Diskussion über die Anwerbung *(recruitment)* ausländischer Arbeitskräfte. Im Dezember 1955 wurde das deutsch-italienische Gastarbeiter-Abkommen *(agreement)* unterzeichnet. Bis 1961 wurden jedes Jahr ungefähr 20.000 italienische Gastarbeiter nach Deutschland gebracht.

Zunächst wurden die Arbeiter oft in einfachen Baracken untergebracht. Aber schon in den frühen 60er Jahren haben viele Gastarbeiter ihre Familien nach Deutschland geholt. 1964 wurde der millionste Gastarbeiter, ein Mann aus Portugal, begrüßt. Ihm wurde zur Begrüßung ein Moped geschenkt. Bis in die 70er Jahre kamen mehr als fünf Millionen Gastarbeiter und ihre Familien nach Deutschland, vorwiegend aus Italien, Spanien, dem ehemaligen Jugoslawien, Griechenland, Portugal und der Türkei.

Am Anfang glaubte man, dass die Gastarbeiter nach zwei oder drei Jahren wieder in ihre Heimat zurückkehren würden. Das war für die Industrie aber nicht effizient, denn das bedeutete, dass die erfahrenen *(experienced)* Arbeiter wieder gehen und dafür unerfahrene Arbeiter nachkommen würden. Die Arbeitgeber *(employers)* forderten die Verlängerung der Aufenthaltserlaubnisse. Viele dieser Gastarbeiter holten ihre Familien nach Deutschland und blieben für immer.

23 | **Richtig oder falsch?**

Kreuzen Sie an, ob die folgenden Aussagen richtig (R) oder falsch (F) sind. Verbessern Sie die falschen Aussagen.

		R	F
1.	In den 50er Jahren gab es in Deutschland zu wenige Arbeiter.	❑	❑
2.	Als Gastarbeiter sind meistens Frauen nach Deutschland gekommen.	❑	❑
3.	Es gab Anwerbebüros in anderen europäischen Ländern.	❑	❑
4.	Der Wirtschaftsminister Ludwig Erhard startete 1954 eine Pressekampagne, damit öffentlich über Gastarbeiter diskutiert wird.	❑	❑
5.	Im Dezember 1955 wurde das deutsch-französische Gastarbeiter-Abkommen unterschrieben.	❑	❑
6.	Der millionste Gastarbeiter war Italiener und bekam ein Moped als Geschenk.	❑	❑
7.	Bis in die 70er Jahre kamen mehr als fünfzehn Millionen Gastarbeiter nach Deutschland.	❑	❑
8.	Die Arbeitgeber wollten, dass die Gastarbeiter länger in Deutschland bleiben können.	❑	❑

24 | **Das Passiv anders formulieren**

Die wichtigste Alternative zum Passiv ist das Pronomen **man.** Formulieren Sie die Sätze im Passiv um, indem Sie das Pronomen **man** verwenden:

z.B.

Im europäischen Ausland wurden durch Anwerbebüros vor allem männliche Gastarbeiter angeworben. →

Im europäischen Ausland **hat man durch Anwerbebüros vor allem männliche Gastarbeiter angeworben.**

1. Schon zu Beginn der 50er Jahre wurde im Bundeswirtschaftsministerium geplant, italienische Arbeiter anzuwerben.

   Schon zu Beginn der 50er Jahre plante man _____

   _____

2. Im Dezember 1955 wurde das deutsch-italienische Gastarbeiter-Abkommen unterzeichnet.

   Im Dezember 1955 unterzeichnete man _____

   _____

3. Bis 1961 wurden jedes Jahr ungefähr 20.000 italienische Gastarbeiter nach Deutschland gebracht.

   Bis 1961 brachte man _____

   _____

4. Zunächst wurden die Arbeiter oft in einfachen Baracken untergebracht.

Zunächst _____

_____

5. 1964 wurde der millionste Gastarbeiter begrüßt.

1964 _____

_____

6. Dem millionsten Gastarbeiter wurde zur Begrüßung ein Moped geschenkt.

Dem millionsten Gastarbeiter _____

_____

D. Schreiben

25 **Ihr Land – als Sie ein Kind waren und heute**

In dem Artikel von Theo Sommer kann man lesen, wie die Deutschen sich verändert haben. Viel wird jetzt anders gemacht. Denken Sie an ihr Land – wie wurde alles gemacht, als Sie ein Kind waren, und wie wird es jetzt gemacht?

Schritt 1: Sommer diskutiert sieben Themen in seinem Artikel. Welche zwei Themen möchten Sie diskutieren (z.B. Kommunikation, das Familienleben, Religion usw.)? Dann schreiben Sie kurze Verbphrasen darüber, wie es damals war, und wie es jetzt ist.

Thema: _____*Kommunikation*_____

Damals   **Jetzt**

_____*Briefe schreiben*_____   _____*E-Mails schreiben*_____

Thema: _____

Damals   **Jetzt**

_____   _____

_____   _____

_____   _____

_____   _____

Thema: _____

Damals

_____
_____
_____
_____
_____

Jetzt

_____
_____
_____
_____
_____

Schritt 2: Finden Sie jetzt Notizen, bei denen die Handlung im Mittelpunkt steht und nicht wer es macht; und schreiben Sie dann diese Passivsätze. Achten Sie dabei auf das Tempus.

z.B.

Damals wurden Briefe geschrieben, aber jetzt werden E-Mails geschrieben.

_____
_____
_____
_____

Schritt 3: Bringen Sie Ihre Ideen in einem Aufsatz zusammen. Fangen Sie mit einer kurzen Einleitung an, wie diese von Sommer:

Sieben Trends haben die Entwicklung unserer Gesellschaft im zurückliegenden halben Jahrhundert bestimmt – ob zum Guten oder zum Bösen, wissen wir noch nicht.

Versuchen Sie, in Ihrem Aufsatz auch die Alternativen zum Passiv zu benutzen, z.B. **man, sich lassen** und **sein** + **zu** + *Infinitiv*.

_____
_____
_____
_____
_____
_____
_____
_____
_____
_____
_____
_____

26 ### Schreibaufgabe: Prozessbeschreibung

Erklären Sie, wie etwas gemacht wird, wie ein Produkt produziert wird oder wie etwas funktioniert. Nehmen Sie das folgende Beispiel als Modell.

Äbbelwoi (Apfelwein)

Apfelwein wird aus sauren regionalen Apfelsorten hergestellt. Bei der Herstellung *(production)* wird der Apfelwein meist mit großen Maschinen gekeltert. Zuerst werden die Äpfel gewaschen, zerstückelt *(chopped)* und in einen großen Behälter *(vat)* befördert. Die Masse aus kleinen Apfelstücken nennt man „Maische". Die Maische darf nicht zu fein werden, da sich die Äpfel sonst nicht gut auspressen lassen. Die Maische wird in eine Presse transportiert. Nach dem Auspressen fließt der Apfelsaft in große Tanks aus Edelstahl *(stainless steel)*. Während der Gärung *(fermentation)* wird der Zucker durch Hefe *(yeast)* abgebaut und es entsteht Alkohol und Kohlendioxid *(carbon dioxide)*. Je nach gewünschter Stärke wird der Wein früher oder später in Fässer *(barrels)* gefüllt. Die übriggebliebenen Apfelreste werden „Trester" genannt. Der Trester kann an Schafe und Kühe verfüttert oder als Kompost verwendet werden.

Köln

STATION

7

A. Wortschatz

Mündliches

Hören

Track 2-2

1 **Station Köln**

Ergänzen Sie die Lücken mit den Wörtern, die Sie hören.

Köln ist die älteste deutsche Großstadt und eine Stadt der Kunst – nicht nur wegen des

(1) _____ Kölner Doms und der vielen Museen, sondern auch wegen

einer aktiven Kunstszene. Hier leben viele Künstler, und mehr als 100 Galerien präsentieren ein

(2) _____ Spektrum.

   Nach dem Zweiten Weltkrieg wurde der (3) _____ der zerstörten Stadt

mit starkem Interesse verfolgt. In den 50er Jahren konzentrierten sich die Diskussionen auf Kultur und

Politik der Nachkriegszeit. Auf (4) _____ des Buchhändlers Gerhard Ludwig

fanden in den Wartesälen des Kölner Hauptbahnhofs 260 Diskussionsveranstaltungen statt, bei denen

sich prominente (5) _____ aus Politik, Kultur und Wirtschaft direkt mit den

„Menschen von der Straße" (6) _____ mussten. Die *Mittwochgespräche*

wurden ein bedeutender (7) _____ zur Entwicklung einer demokratischen

(8) _____ in Deutschland.

2 **Aus den Nachrichten**

Track 2-3

Sie hören einen Bericht aus den Kölner Nachrichten über eine politische Debatte. Kreuzen Sie an, ob die Aussagen richtig (R) oder falsch (F) sind. Verbessern Sie die falschen Aussagen.

		R	F
1.	Gestern Abend fand im Kölner Bahnhof eine Debatte zum Thema „Rechtsradikalismus" statt.	❏	❏
2.	Am Anfang referierte ein in der Türkei geborener deutscher Schriftsteller.	❏	❏

3. Der Schriftsteller sagte, er sei stolz darauf, jetzt ein Deutscher zu sein.   ❏   ❏

4. Danach folgte eine offene Diskussion mit vielen Fragen zum Thema „Patriotismus".   ❏   ❏

5. Vertreter der politischen Parteien beteiligten sich an dem Gespräch.   ❏   ❏

6. Letztendlich war der Abend kein großer Erfolg.   ❏   ❏

Sprechen

Fragen zur Debatte

Track 2-4

Sie hören sechs Fragen über die Debatte. Benutzen Sie bei Ihren Antworten die vorgegebenen Elemente.

Sie hören: Über welches Thema hat man diskutiert?

Sie lesen: man / diskutieren / über das Thema „Nationalstolz"

Sie sagen: Man hat über das Thema „Nationalstolz" diskutiert.

Sie hören: Richtig, man hat über das Thema „Nationalstolz" diskutiert.

1. man / diskutieren / über das Thema „Nationalstolz"
2. der Schriftsteller / referieren / über die Begriffe „Heimat" und „Nationalstolz"
3. er / bezeichnen / Europa als seine Heimat
4. die anderen Gesprächsteilnehmer / sein / Politiker und Bürger der Stadt Köln
5. die Gesprächsteilnehmer / sich auseinandersetzen / mit dem zunehmenden Rechtsradikalismus
6. manche Beiträge / sein / sehr offen / und / andere Beiträge / sehr zurückhaltend

Konrad Adenauer

Track 2-5

Sie hören sechs Fragen über Konrad Adenauer, den ersten Bundeskanzler der Bundesrepublik Deutschland von 1949–1963. Benutzen Sie bei Ihren Antworten die vorgegebenen Elemente.

Sie hören: Was war Konrad Adenauer von 1917–1933?

Sie lesen: Oberbürgermeister von Köln

Sie sagen: Konrad Adenauer war Oberbürgermeister von Köln

Sie hören: Genau, Konrad Adenauer war Oberbürgermeister von Köln.

1. Oberbürgermeister von Köln
2. Vertreter der deutschen Zentrumspartei
3. der erste Bundeskanzler der Bundesrepublik Deutschland
4. der CDU
5. das System der sozialen Marktwirtschaft
6. auf die Versöhnung mit den Juden und mit Frankreich

Schriftliches

5 **Definitionen**

Finden Sie die Definition für jedes Wort und schreiben Sie den Buchstaben neben das Wort.

1. _____ das Gespräch
2. _____ der Bundestag
3. _____ der Eintritt
4. _____ der Rechtsradikalismus
5. _____ die Stadtmauer
6. _____ der Wiederaufbau
7. _____ die Heimat
8. _____ der Dom
9. _____ die Partei
10. _____ die Kunstmesse

a. wo man sich zu Hause fühlt
b. eine große Kirche
c. was man bezahlen muss, um in eine Veranstaltung reinzukommen
d. eine große Versammlung von Künstlern
e. Deutschlands Parlament
f. wenn Leute miteinander reden
g. eine Struktur aus Stein, die eine Stadt umringt
h. eine Gruppe, deren Mitglieder ähnliche politische Ansichten haben
i. was in Köln nach dem Krieg gemacht wurde
j. eine politische Ideologie mit extremen Ansichten

6 **Das heikle Thema**

Benutzen Sie die Wörter aus der Liste, um die Sätze zu ergänzen.

patriotische • heikles • Rechtsradikalismus • Nationalstolz • stolz • zurückhaltend

1. _____ ist in Deutschland ein _____ Thema.

2. Viele Deutsche reagieren skeptisch auf _____ Äußerungen.

3. Manche Leute sind _____, wenn ihre Fußballmannschaft einen Pokal gewinnt.

4. Andere sind eher _____ und finden das merkwürdig.

5. Nationalstolz wird in Deutschland oft mit _____ in Verbindung gebracht.

7 **Adjektive**

Verbinden Sie die Adjektive mit den passenden Definitionen.

1. Wenn etwas _____ ist, ist es von großer Wichtigkeit.

2. Wenn man auf etwas _____ ist, dann fühlt man sich gut, weil man etwas Positives gemacht oder erreicht hat.

3. Jemand der eine starke Persönlichkeit und ein sicheres Auftreten hat, ist _____.

4. Wenn etwas gar nicht zu gebrauchen ist, dann ist es _____.

5. Jemand der _____ ist, nimmt immer alles persönlich.

a. bedeutend
b. empfindlich
c. stolz
d. nutzlos
e. selbstbewusst

8 **Redemittel: Sicher sein, nicht sicher sein, Zweifel haben**

Sagen Sie, dass Sie sich über die folgenden Dinge sicher sind, indem Sie mit den Redemitteln beginnen.

1. Morgen regnet es.

   Ich bin davon überzeugt, dass _____.

2. Heinrich Böll ist einer der wichtigsten deutschen Autoren.

   Es besteht kein Zweifel, dass _____.

3. Köln hat die besten Museen in Deutschland.

   Ich bin sicher, dass _____.

Sagen Sie, dass Sie sich über die folgenden Dinge nicht sicher sind, indem Sie mit den Redemitteln beginnen.

4. Oliver Pocher ist in Köln geboren.

   Ich bin nicht sicher, ob _____.

5. Lukas Podolski spielt für den 1. FC Köln.

   Ich weiß nicht, ob _____.

6. Das Wetter wird morgen gut.

   Es ist zweifelhaft, ob _____.

B. Strukturen

Mündliches

Hören

9 **Ein Amerikaner auf der Autobahn (Modalverben)**

Ergänzen Sie die Lücken mit den Wörtern, die Sie hören.

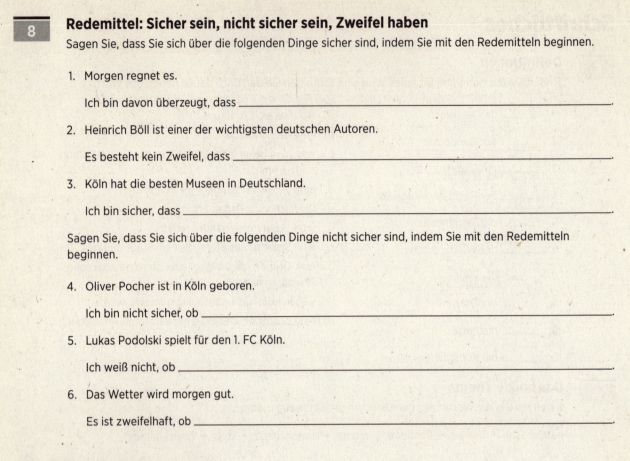

Track 2-6

1. THOMAS: Jason, du _____ unbedingt mal auf der Autobahn fahren!

   Weißt du, man _____ hier so schnell fahren, wie man

   _____!

2. ROLF: Na ja, das stimmt aber nicht ganz. Es gibt oft Geschwindigkeitsbegrenzungen, und auf die

   _____ man achten.

3. JASON: Ich _____ schon ewig einmal auf der Autobahn fahren. Es

   _____ ein ziemlich cooles Erlebnis sein. Ich habe schon so viel

   über die Autobahn gehört. Jetzt _____ ihr mir zeigen, wie es

   wirklich ist!

4. THOMAS: Also, dann los! Ich _____ bald tanken, denn das Benzin

   _____ uns auf keinen Fall auf der Autobahn ausgehen.

5. ROLF: _____ denn Jason als Amerikaner hier so einfach Auto fahren?

6. JASON: Wieso nicht? Ihr _____ doch auch in Amerika fahren.

7. THOMAS: Gut! Dann endlich los! Rolf, _____ du vorne sitzen?

8. ROLF: Nein, ich _____ den Rücksitz lieber. Ich bin

ehrlich gesagt von der ganzen Sache nicht besonders begeistert. Aber

ihr zwei _____ es wenigstens genießen, ich

_____ ja kein Spielverderber sein.

10

Zukünftiges (Futur)

Track 2-7

Zwei junge Kölner, Matthias und Astrid, sprechen über ihre Zukunftspläne. Kreuzen Sie an, wer was sagt.

		MATTHIAS	ASTRID
1.	das Abitur machen	❏	❏
2.	das Staatsexamen machen	❏	❏
3.	eine Reise nach Südamerika machen	❏	❏
4.	eine Zugreise durch Europa machen	❏	❏
5.	Zivildienst machen	❏	❏
6.	das zweite Staatsexamen machen	❏	❏
7.	in einer Kanzlei arbeiten	❏	❏
8.	Germanistik oder Romanistik studieren	❏	❏

Sprechen

11

Ausflug ins Schokoladenmuseum (Modalverben)

Track 2-8

Sie diskutieren mit Ihren Freunden, was Sie in Köln machen wollen. Beantworten Sie die Fragen und benutzen Sie die vorgegebenen Elemente.

Sie hören: Was willst du heute machen?

Sie lesen: ich / wollen / ins Schokoladenmuseum gehen

Sie sagen: Ich will ins Schokoladenmuseum gehen.

Sie hören: Ah, du willst also ins Schokoladenmuseum gehen.

1. ich / wollen / ins Schokoladenmuseum gehen
2. du / können / natürlich mitkommen
3. wir / können / zu Fuß gehen
4. ich / müssen / zuerst noch den Stadtplan suchen
5. du / sollen / nicht so viel Süßigkeiten essen
6. du / dürfen / sonst natürlich machen, was du willst

12

Track 2-9

Max und Gerte in Köln (Futur)

Sie spekulieren mit einem Freund darüber, was Max und Gerte während ihrer Reise nach Köln wohl machen werden. Beantworten Sie die Fragen und benutzen Sie dabei die vorgegebenen Elemente.

Sie hören: Was werden Max und Gerte in Köln machen?

Sie lesen: vielleicht / am Rheinufer / spazieren gehen

Sie sagen: Sie werden vielleicht am Rheinufer spazieren gehen.

Sie hören: Aha, du glaubst also, sie werden am Rheinufer spazieren gehen.

1. vielleicht / am Rheinufer / spazieren gehen
2. sicher / rheinischen Sauerbraten / probieren
3. wahrscheinlich wieder / an jeder Ecke / stehen bleiben und fotografieren
4. unter Umständen / ziemlich sauer / auf Max / sein
5. wahrscheinlich / die schlechte Laune / schnell wieder / verfliegen
6. auf jeden Fall / in einem Super-Luxus-Hotel / übernachten

Schriftliches

13

Modalverben

Ergänzen Sie die Tabelle.

Infinitiv	*können*					
ich				*will*		*mag*
du		*musst*				
er/es/sie						
wir			*dürfen*			
ihr					*sollt*	
sie/Sie						

14

Im Hotel in Köln (Modalverben)

Ergänzen Sie die Lücken mit dem passenden Modalverb aus der Liste.

können • kann • muss • dürfen (× 2) • darf • möchten • wollen • will

1. Sie _____ aus über 100 verschiedenen Fernsehkanälen auswählen.

2. Wenn man telefonieren _____, _____ man

   zuerst eine Null wählen.

3. Haustiere _____ nicht ins Zimmer mitgebracht werden.

4. In unseren Zimmern _____ man nicht rauchen.

5. Wenn Sie _____, bringen wir Ihnen das Frühstück gerne aufs Zimmer.

6. Wenn Sie ins Theater oder Konzert gehen _____, besorgen wir Ihnen

   gerne Karten.

7. Frühstücken _____ man in unserem Frühstücksraum von 7 bis 10 Uhr.

8. Kinder unter 12 Jahren _____ nicht ohne ihre Eltern in den Fitnessraum.

15   **Der Amerikaner erzählt, wie es war (Modalverben)**

Ergänzen Sie die Sätze mit der richtigen Imperfektform des Modalverbs.

1. Meine deutschen Freunde _____, dass ich das Fahrvergnügen auf der

   Autobahn erlebe. (wollen)

2. Ich _____ so schnell fahren, wie ich _____.

   (sollen, wollen)

3. Wegen einer Baustelle _____ ich nur 100 Stundenkilometer fahren.

   (dürfen)

4. Nach der Baustelle _____ wir wieder schneller fahren. (dürfen)

5. Trotzdem _____ wir nicht schneller fahren. (können)

6. Das Auto _____ einfach nicht schneller fahren! (wollen)

7. Wir _____ anhalten, weil wir kein Benzin mehr hatten. (müssen)

8. Mein Freund _____ zur Tankstelle laufen. (müssen)

16   **Prognosen aus der Römerzeit (Futur)**

Ein Weissager *(clairvoyant)* der Römerzeit spricht über Köln: Was wird in Köln in der Zukunft passieren?
Schreiben Sie Sätze im Futur.

1. leben: wir / friedlich / zusammen mit den Germanen

   _____

2. arbeiten: ich / hier an der Wasserleitung

   _____

3. gründen: ein wichtiger Mann / das Erzbistum

   _____

4. danken: die Germanen / uns

   _____

5. studieren: in Köln / viele Studenten / an einer großen Universität

   _____

6. zerstören: Bombenangriffe / die Stadt

   _____

17 **Persönliches (Modalverben / Futur)**

Beantworten Sie die Fragen in ganzen Sätzen.

1. Was müssen Sie heute noch unbedingt machen?

   _____

2. Was wollen Sie heute noch unbedingt machen?

   _____

3. Was mussten Sie als Kind machen, was Sie nicht gerne gemacht haben?

   _____

4. Was durften Sie als Kind machen, was Sie heute nicht mehr machen?

   _____

5. Was können Sie besonders gut machen?

   _____

6. Was können Sie überhaupt nicht gut machen?

   _____

7. Was werden Sie wohl am Wochenende machen?

   _____

8. Was werden Sie in Ihrem nächsten Urlaub machen?

   _____

9. Wo werden Sie in 20 Jahren wohnen?

   _____

10. Was wird bis zum Ende des Jahres in Ihrem Leben passiert sein?

   _____

18 **Was wird in Köln im Jahr 2850 passiert sein? (Futur II)**

Bilden Sie Sätze im Futur II, um zu erklären, warum die Kölner Zukunft so aussieht.

z.B. **Touristen werden den Kölner Dom nicht mehr besichtigen.** →

Die Regierung **wird** die Treppen für zu gefährlich **erklärt haben.**

1. Köln wird die größte Kunstmetropole der Welt. Kölner Museen und Kunstsammler

   _____ alle Kunstschätze der Welt _____

   _____. (kaufen)

2. In Köln wird man nur noch mit öffentlichen Verkehrsmitteln fahren. Kölner Politiker

   _____ Autos _____

   _____. (verbieten)

3. In Köln spricht man nur noch Englisch. Die Kölner _____ Englisch

   als offizielle Sprache _____ _____.

   (akzeptieren)

C. Lesen

19

Vor dem Lesen

Ordnen Sie den folgenen Phrasen die passenden Übersetzungen zu.

1. _____ es war die Erfindung eines Italieners

2. _____ hatte ein Geschäft gegründet

3. _____ in eine Firma eintreten

4. _____ die Sprache der oberen Gesellschaft

5. _____ der Duft eines italienischen Frühlingsmorgens

6. _____ nach geheimen Rezepturen

7. _____ sich in der Öffentlichkeit bewegen

8. _____ regelmäßig

9. _____ wurde zum Synonym für billiges Parfüm

a. *becoming a partner in a business*

b. *had started a business*

c. *it was the invention of an Italian*

d. *the language of high society*

e. *became synonymous with cheap perfume*

f. *on a regular basis*

g. *going out in public*

h. *following secret recipes*

i. *the scent of an Italian spring morning*

Eau de Cologne – Kölnisch Wasser

Das Kölnisch Wasser – oder Eau de Cologne – war eine Erfindung des Italieners Giovanni Maria Farina. Sein Bruder Giovanni Battista Farina hatte 1709 in Köln ein Geschäft gegründet, in dem er Luxusartikel wie Seide *(silk)* und Duftwasser *(fragrance)* verkaufte. 1714 trat der Parfümeur Giovanni Maria in die Firma seines Bruders ein und machte Farina mit seinem Duftwasser weltberühmt. Die Sprache des Handels und der oberen Gesellschaft in Köln wie in ganz Deutschland war damals Französisch und Farina nannte sein Parfüm „Eau de Cologne".

Farina beschrieb sein Eau de Cologne wie den Duft eines italienischen Frühlingsmorgens nach dem Regen. Sein Kölnisch Wasser basierte auf den ätherischen Ölen von Zitrusfrüchten und Kräutern *(herbs)* seiner italienischen Heimat, die er nach geheimen Rezepturen selbst distillierte.

Das Duftwasser spielte damals eine wichtige Rolle, denn Köln war eine stinkende Stadt. Die Straßen waren voll Abfall *(waste)* und Pferdemist *(horse manure)*, und wenn ein feiner Herr sich in der Öffentlichkeit bewegte, war ein Duftwasser unentbehrlich *(indispensable)*. Selbst Kaiser und Könige bestellten sich regelmäßig ihr Kölnisch Wasser bei Farina.

Ab dem 19. Jahrhundert gab es mehr und mehr Plagiatoren *(imposters, cheap imitators)*. Immer neue Firmen benutzten den Namen *Kölnisch Wasser* und durch billige industrielle Produktion wurde Kölnisch Wasser in Deutschland bald zum Synonym für billiges Parfüm.

20 **Sätze verbinden**

Verbinden Sie die Satzteile, um sinnvolle Sätze zu bilden.

1. Giovanni Battista Farina hatte 1709 in Köln

   ein Geschäft, _____

2. Farina nannte sein Duftwasser „Eau de Cologne", _____

3. Farina distillierte sein Eau de Cologne aus Früchten und

   Kräutern seiner Heimat, _____

4. Weil es in der Stadt so stank, _____

5. Weil man durch die industrielle Produktion Plagiate

   herstellen konnte, _____

a. denn Französisch war die Sprache
   des Handels und der feinen
   Gesellschaft.

b. denn es sollte wie ein italienischer
   Frühlingsmorgen riechen.

c. war ein Duftwasser für feine Herren
   sehr wichtig.

d. wurde Kölnisch Wasser ein Synonym
   für billiges Parfüm.

e. in dem er Seide und Duftwasser
   verkaufte.

21 **Modalverben im Kontext**

Setzen Sie die passenden Modalverben ein.

konnte • konnten • musste • wollte • wollten

1. Im 18. Jahrhundert _____ man in Köln Französisch sprechen, um im

   Handel etwas zu erreichen.

2. Giovanni Farina _____ dass sein Parfüm riecht wie ein italienischer

   Frühlingsmorgen.

3. Ohne ein feines Duftwasser _____ die feinen Herren den Gestank der

   Kölner Straßen nicht ertragen.

4. Auch Kaiser und Könige _____ das Kölnisch Wasser von Farina haben.

5. Weil man ab dem 19. Jahrhundert Parfüm durch industrielle Produktion billig herstellen

   _____, gab es immer mehr Plagiatoren.

D. Schreiben

22 **Prognosen für eine Nation**

Wie sieht die Zukunft für Ihr Land aus? Denken Sie an große soziale Probleme, z.B. Obdachlosigkeit *(homelessness)* und Armut, Krieg und internationale Konflikte Gesundheit und Versicherung *(insurance)*.

Ihr Thema: _____

Schritt 1: Welche positiven Vorhersagen machen Sie für Ihr Land in diesem Bereich?

z.B.   Weniger Leute werden auf der Straße leben.

_____

_____

_____

_____

_____

Schritt 2: Was wird man in der Nation gemacht haben, um diese positiven Leistungen geschafft zu haben? Schreiben Sie Sätze im Futur Perfekt.

z.B.   Die Regierung wird günstige Häuser für Obdachlose gebaut haben.

_____

_____

_____

_____

Schritt 3: Bringen Sie die Sätze zusammen, um den Prozess zu erklären.

z.B.   Weniger Leute werden auf der Straße leben, weil die Regierung günstige Häuser für Obdachlose gebaut

haben wird.

_____

_____

_____

_____

_____

Schritt 4: Jetzt bringen Sie Ihre Ideen in einem Aufsatz zusammen. Binden Sie auch Information über aktuelle Probleme mit ein.

 In unserem Land haben viele Leute kein zu Hause, aber in der Zukunft werden weniger Leute auf der Straße

leben, weil die Regierung günstige Häuser für Obdachlose gebaut haben wird.

_____

_____

_____

_____

_____

_____

_____

_____

_____

_____

23 | Schreibaufgabe: E-Mail an Milos

Schreiben Sie eine E-Mail an Milos. Benutzen Sie das folgende Beispiel als Modell.

Hey Milos,

danke für Dein witziges Videoblog aus Köln. Ich fand es sehr interessant von jemandem wie Dir zu hören, wie Deutschland wohl in der Zukunft sein wird. Ich glaube auch, dass es die typischen Deutschen oder die typischen Amerikaner eigentlich nicht gibt. Ich würde gerne einmal nach Köln kommen und erleben, wie Deutschland wirklich ist. In meinem Land . . .

Mach's gut

Dein(e) _____

_____

_____

_____

_____

_____

Dresden

A. Wortschatz

Mündliches

Hören

1

Track 2-10

Station Dresden

Hören Sie zu und kreuzen Sie an, ob die Aussagen richtig (R) oder falsch (F) sind. Verbessern Sie die falschen Aussagen.

		R	F
1.	Seit dem 17. Jahrhundert war Dresden Residenz der sächsischen Herzöge.	❑	❑
2.	Robert Schumann und Johann Sebastian Bach arbeiteten in Dresden.	❑	❑
3.	Dresden war ein Zentrum des Expressionismus.	❑	❑
4.	Im Nationalsozialismus wurden vor allem jüdische Künstler verfolgt und deportiert.	❑	❑
5.	Das Zentrum von Dresden wurde von den Bombenangriffen fast nicht getroffen.	❑	❑
6.	In mühevoller Arbeit wurde die Frauenkirche wieder aufgebaut.	❑	❑

2

Track 2-11

Das erste Rendezvous in der Oper

Ergänzen Sie die Lücken mit den Wörtern, die Sie hören.

TIMO: Du, ist das eigentlich ein (1) _____ Ereignis für dich, in die Oper zu gehen?

AIDA: Ja, ich bin eine leidenschaftliche Opernliebhaberin und (2) _____ sogar selber.

TIMO: Sag mal, wer (3) _____ denn bei der Aufführung heute Abend?

AIDA: Der weltberühmte Dirigent Daniel Barenboim.

TIMO: Ach, das ist ja toll! Hast du diese Oper eigentlich schon mal gehört?

AIDA: Natürlich, und ich habe auch mehrere (4) _____ zu Hause.

TIMO: Das Bühnenbild ist so kreativ und modern, findest du nicht auch?

AIDA: Also ich weiß nicht, ich finde es ehrlich gesagt nicht besonders

(5) _____.

TIMO: Aida, warum hast du mich eigentlich in die Oper (6) _____?

AIDA: Na, du hast mir doch erzählt, Richard Wagner sei dein großes

(7) _____.

TIMO: Also, ganz ehrlich gestanden war das eine kleine Lüge! Ich wollte einfach nur einen

Abend mit dir verbringen.

AIDA: Na, das habe ich mir mittlerweile fast schon gedacht. Ist mir jetzt zwar irgendwie nicht ganz

(8) _____, aber ich find's trotzdem ziemlich originell und süß von dir!

Sprechen

3   Fragen zu Dresden

Track 2-12

Beantworten Sie die Fragen und benutzen Sie bei Ihren Antworten die vorgegebenen Elemente.

Sie hören: Wo liegt die Dresdner Altstadt?

Sie lesen: liegen / am Ufer der Elbe

Sie sagen: Die Dresdner Altstadt liegt am Ufer der Elbe.

Sie hören: Genau, die Dresdner Altstadt liegt am Ufer der Elbe.

1. liegen / am Ufer der Elbe
2. entdecken können / den schönsten Milchladen der Welt
3. sehen / Theateraufführungen
4. sehen / eine Ausstellung mit Werken des Impressionismus und des Expressionismus
5. finden / den Schatz des sächsischen Königs
6. gehen / in die Semperoper

4   Meinungen über Meinungen

Track 2-13

Was meint man zu diesen Fragen? Benutzen Sie bei Ihren Antworten die vorgegebenen Elemente.

Sie hören: Dresden ist eine interessante Stadt, finden Sie nicht auch?

Sie lesen: (Dresden ist eine interessante Stadt) Ich finde auch, dass . . .

Sie sagen: Ich finde auch, dass Dresden eine interessante Stadt ist.

Sie hören: Aha, Sie finden also auch, dass Dresden eine interessante Stadt ist.

1. (Dresden ist eine interessante Stadt) Ich finde auch, dass . . .
2. (die Frauenkirche ist eine der schönsten Kirchen Europas) Ich finde auch, dass . . .
3. (Dresden ist eine Stadt für Freunde der Kunst) Viele Besucher finden, dass . . .
4. (Kunst und Politik lassen sich nicht trennen) Manche Menschen glauben, dass . . .
5. (man muss Ausstellungen jüdischer Künstler verbieten) Die Nazis glaubten, dass . . .
6. (die Künstler der *Brücke* waren Liebhaber leuchtender Farben) Ich bin auch der Meinung, dass . . .

Schriftliches

5 Was machen diese Personen?

Schreiben Sie den passenden Buchstaben neben jedes Wort.

1. _____ Dirigent/in
2. _____ Komponist/in
3. _____ Künstler/in
4. _____ Liebhaber/in
5. _____ Pianist/in
6. _____ das Vorbild

a. Er/Sie hat eine Ausstellung im Museum.
b. Er/Sie inspiriert andere Leute.
c. Er/Sie schreibt Musik.
d. Er/Sie spielt Klavier.
e. Er/Sie steht vor dem Orchester.
f. Er/Sie hat etwas oder jemanden sehr gern.

6 Kunstgeschichte

Benutzen Sie die gegebenen Wörter und schreiben Sie Sätze im Imperfekt. Passen Sie dabei auf Verbkongruenz auf.

1. die Künstlergruppe *Die Brücke* / sich auflösen / 1913

   _____

2. die Nazis / verbieten / Ausstellungen von expressionistischen Künstlern

   _____

3. man / verbrennen / viele künstlerische Werke

   _____

4. andere Kunstwerke / verloren gehen / während der Nazizeit

   _____

5. die Regierung / entfernen / die Gemälde aus den Museen

   _____

6. andere Künstler / fliehen / vor der Politik in Deutschland

   _____

7 Kunst und Politik

Bilden Sie Sätze mit den folgenden Begriffen.

1. Künstler

   _____

2. Oper

   _____

3. Pianist

   _____

4. Ausstellung

   _____

5. verboten

_____

6. Vorliebe

_____

7. Minderheit

_____

8 **Redemittel: Mit einer Meinung übereinstimmen oder nicht übereinstimmen**

Welche Teile der Dialoge passen zusammen?

1. _____ „Ich finde, dass Daniel Barenboim die Abmachung *(agreement)* mit dem Israel-Festival gebrochen hat."

2. _____ „Ich bin der Meinung, dass Erich Kästners Erzählung über die Dresdner Luftangriffe die Zerstörung der Stadt beschreibt, aber nicht die Gefühle der Menschen."

3. _____ „Ich finde, dass Wagners Opern unglaublich langweilig sind."

a. „Ja, das ist richtig, aber genau dadurch, dass er nichts über die Gefühle der Menschen sagt, beschreibt er die Absolutheit der Zerstörung."

b. „Das finde ich auch. Er hätte meiner Meinung nach eine andere Zugabe spielen sollen, von der die Festivalleitung im Voraus gewusst hat."

c. „Da kann ich nicht zustimmen. Ich finde sie sehr schön. Vor allem *Tristan und Isolde* ist eine meiner Lieblingsopern."

B. Strukturen

Mündliches

Hören

9 **Ein Rendezvous im Restaurant „Drachen"** **(koordinierende Konjunktionen)**

Hören Sie zu und ergänzen Sie den Dialog.

Track 2-14

STEFAN: In diesem Restaurant gibt es viele feine Gerichte, (1) _____ es gibt sogar einen Biergarten hinter dem Restaurant.

STEPHANIE: Das ist super, (2) _____ mir ist gerade zu kalt, im Biergarten zu sitzen.

STEFAN: Kein Problem. Möchtest du hier vorne sitzen, (3) _____ lieber an dem kleinen Tisch in der Ecke?

STEPHANIE: Ich möchte weder vorne noch in der Ecke sitzen, (4) _____ vor dem Fenster.

STEFAN: (5) _____ du hast gerade gesagt, dass dir kalt ist! Warum willst du vor dem Fenster sitzen?

STEPHANIE: Ich sitze immer vor dem Fenster, (6) _____ ich finde es schön,

die Passanten *(passers-by)* anzuschauen.

STEFAN: Na, gut. Dann setzen wir uns an diesen Tisch hin (7) _____

genießen unseren romantischen Abend.

10 Der Abend geht weiter . . . (subordinierende Konjunktionen)

Track 2-15

Hören Sie zu und ergänzen Sie den Dialog.

STEFAN: Wie hast du das Essen gefunden?

STEPHANIE: (1) _____ es nicht warm genug war, hat es mir trotzdem

geschmeckt.

STEFAN: Das ist aber schade. (2) _____ ich hier sonst immer esse, ist das

Essen perfekt!

STEPHANIE: (3) _____ ich am Ende satt *(full)* bin, ist es kein Problem.

STEFAN: Sollen wir dann Nachtisch bestellen?

STEPHANIE: Ich esse gerade keine Süßigkeiten, (4) _____ ich eine Diät

mache. Ich weiß nicht, (5) _____ ich sündigen *(sin)* soll.

STEFAN: Komm . . . du hast vorher gesagt, (6) _____ du das Tiramisu hier

so gern magst.

STEPHANIE: Da hast du recht, lass uns ein Stück bestellen. Und (7) _____ wir

die Rechnung bezahlt haben, könnten wir ja einen kleinen Spaziergang machen!

Sprechen

11 Ein Tag in Dresden (Konjunktionen)

Track 2-16

Sie sind mit einer Freundin in Dresden und sprechen über Ihre Pläne. Benutzen Sie bei Ihren Antworten die vorgegebenen Elemente.

Sie hören: Willst du mit mir in die Neustädter Markthalle kommen?

Sie lesen: aber: vorher noch in die Apotheke müssen

Sie sagen: Aber ich muss vorher noch in die Apotheke.

1. aber: vorher noch in die Apotheke müssen
2. weil: eine leichte Erkältung haben
3. damit: Medizin kaufen können
4. sondern: nicht einkaufen wollen / lieber was anderes machen
5. oder: die Frauenkirche besichtigen wollen / am Elbufer spazieren gehen
6. und: in einem Restaurant essen wollen / danach in die Semperoper gehen

12

Track 2-17

Erich Kästner (Konjunktionen)

Der berühmte Schriftsteller Erich Kästner ist ein Sohn der Stadt Dresden. Verbinden Sie zuerst die passenden Satzteile und beantworten Sie dann die Fragen, die Sie hören.

Sie hören: Wo ist Erich Kästner geboren und aufgewachsen?

Sie sagen: Erich Kästner ist 1899 in Dresden geboren und in der Dresdner Neustadt aufgewachsen.

Sie hören: Richtig, Erich Kästner ist 1899 in Dresden geboren und in der Dresdner Neustadt aufgewachsen.

1. Erich Kästner ist 1899 in Dresden geboren _____ *e*

2. Über seine Jugend schrieb der bekannte

   Schriftsteller: „Der Weltkrieg hatte begonnen _____

3. 1917 wurde er zum Kriegsdienst einberufen, _____

4. 1919 begann Kästner, in Leipzig Geschichte

   und Germanistik zu studieren _____

5. Obwohl regimekritisch eingestellt, emigrierte

   Kästner nach der Machtergreifung der Nazis

   nicht ins Ausland, _____

6. Er schrieb, er sei in Berlin geblieben, _____

7. Er beobachtete es aus nächster Nähe _____

8. Nach dem Zweiten Weltkrieg zog Kästner

   nach München, _____

a. sondern beschloss, in Berlin zu bleiben.

b. aber die Brutalität der Ausbildung machte ihn zum Antimilitaristen.

c. wo er sehr erfolgreich war und bis zu seinem Tod am 29. Juli 1974 lebte.

d. und meine Kindheit war zu Ende."

e. und in der Dresdner Neustadt aufgewachsen.

f. und 1925 promovierte er.

g. weil er vor Ort die Ereignisse sehen und seine Mutter nicht alleine lassen wollte.

h. als die Nazis seine Bücher verbrannten.

Schriftliches

13

Geschichte einer Stadt (koordinierende Konjunktionen)

Verbinden Sie die Sätze mit einer passenden koordinierenden Konjunktion. Bei einigen Sätzen gibt es mehrere Möglichkeiten.

aber • denn • oder • sondern • und

1. 1698 wurde Dresden ein europäisches Kulturzentrum. Kurfürst August der Starke, ein Dresdner, war

   König geworden.

   _____

   _____

2. Im 18. Jahrhundert wurde Dresden zur Barockstadt. Viele neue Bauten entstanden.

   _____

   _____

3. Im 19. Jahrhundert komponierte Wagner die Oper *Tannhäuser* in Dresden. Auch andere Komponisten

   lebten und arbeiteten in der Stadt.

   _____

4. 1905 bildete sich die Künstlergruppe *Die Brücke*. 1933 wurden ihre Werke schon verboten.

_____

_____

5. 1945 zerstörten fünf Luftangriffe das Zentrum von Dresden. 2005 wurde die zerbombte Frauenkirche

wieder eröffnet.

_____

_____

6. Dresden ist nicht bekannt als Stadt der Renaissance. Dresden ist berühmt für die Architektur des

Barock.

_____

_____

14 **Eine Liebestragödie (subordinierende Konjunktionen)**

Verbinden Sie die zwei Sätze mit der Konjunktion in Klammern. Passen Sie auf die Verbstellung auf.

1. Isolde pflegte Tristan. Er war auf einer Reise schwer verwundet worden. (weil)

_____

2. Er bekam eine Nachricht. Er war auf dem Hof von König Marke. (während)

_____

3. Tristan musste den König überreden. Er durfte Isolde heiraten. (damit)

_____

4. Tristan und Isolde tranken einen Becher Wein. Sie waren auf der Fahrt. (als)

_____

5. Sie wussten nicht. Das Getränk war ein Liebestrank. (dass)

_____

6. Sie verliebten sich. Sie konnten etwas dagegen tun. (bevor)

_____

7. Sie wollten nur zusammen sein. Sie verliebten sich. (nachdem)

_____

8. Sie trafen sich heimlich. Es war verboten. (obwohl)

_____

9. Tristan zeigte Isolde seine Liebe. Er gab ihr einen Ring. (indem)

_____

10. Sie konnten nicht leben. Sie waren nicht zusammen. (solange)

_____

15

Musik in Dresden (Konjunktionen)

Verbinden Sie die zusammengehörenden Satzteile.

1. Die Sächsische Staatskapelle ist ein bekanntes

   Sinfonieorchester _____

2. Der berühmte Dresdner Chor heißt Kreuzchor, _____

3. Die Musiker der Band 2preen spielen ganz

   eigene Musik, _____

4. Während des Jazzfestivals „Jazzwelten", _____

5. Seitdem die Dresdner Musikfestspiele 1978 zum ersten

   Mal stattfanden, _____

6. Die Dresdner Musikhochschule ist nach Carl Maria von

   Weber benannt, _____

a. kann man Musiker aus der ganzen
   Welt sehen.

b. weil der Komponist hier arbeitete
   und lebte.

c. weil er ursprünglich als Lateinschule
   an der heutigen Kreuzkirche
   gegründet wurde.

d. und hat seinen Sitz in Dresden.

e. haben sie sich zu einem der
   renommiertesten Festivals
   Deutschlands entwickelt.

f. indem sie Triphop und Rock
   verbinden.

16

Deutsch als Fremdsprache – nicht nur in Dresden (Konjunktionen)

Schreiben Sie den Text neu und verbinden Sie dabei die einzelnen Sätze mit Konjunktionen. Wenn es verschiedene Möglichkeiten gibt, notieren Sie auch die Alternativen.

Das Studium des Deutschen als Fremdsprache hatte in der DDR einen festen Platz. Das wichtigste Hochschulinstitut ist aber nicht in Dresden. Es ist in der anderen sächsischen Großstadt Leipzig. 1951 beginnt dort das Studium von Ausländern. Elf nigerianische Studenten bekommen ein kostenloses Studium an der „Arbeiter- und Bauernfakultät" der Universität.

Das Institut für Ausländerstudium wird 1956 gegründet. Das Datum gilt als offizielles Gründungsdatum des Herder-Instituts. 1964 wird die erste Zeitschrift *Deutsch als Fremdsprache* herausgegeben. 1969 erhält der Linguist Gerhard Helbig den Lehrstuhl für Deutsch als Fremdsprache. Es ist der erste Lehrstuhl im gesamten deutschsprachigen Raum. Zwischen 1969 und 1989 kommen über 3500 Deutschlehrende und -lernende nach Leipzig. Sie kommen aus der ganzen Welt. Sie wollen sich in Leipzig fortbilden. Nach der Wende wird 1992 ein Magisterstudiengang DaF eingerichtet. 1993 wird das Herder-Institut neu gegründet. Es ist Teil der philosophischen Fakultät. 1995 gibt es 179 Studierende. 2008/9 gibt es 780 Studierende.

_____

_____

_____

_____

_____

_____

_____

_____

_____

_____

17 **Persönliches (subordinierende Konjunktionen)**

Ergänzen Sie die Sätze mit persönlichen Informationen.

1. Ich finde es interessant, wenn _____

2. Es freut mich, wenn _____

3. Es ärgert mich, wenn _____

4. Ich kann mich nicht konzentrieren, wenn _____

5. Wenn ich fröhlich bin, _____

6. Wenn ich traurig bin, _____

7. Wenn ich an Amerika denke, _____

8. Wenn ich an Deutschland denke, _____

C. Lesen

18 **Vor dem Lesen**

Ordnen Sie den folgenen Phrasen die passenden Übersetzungen zu:

1. _____ das Wasser stieg über neun Meter
2. _____ man machte sich Sorgen
3. _____ historische Kulturdenkmäler
4. _____ in Gefahr sein
5. _____ die historische Altstadt
6. _____ die sächsischen Kurfürsten
7. _____ komplett unter Wasser
8. _____ einsickern
9. _____ Krankenhäuser räumen
10. _____ Katastrophentourismus

a. *disaster tourism*
b. *seep through*
c. *the water rose more than nine meters*
d. *be in danger*
e. *the historic center of the city*
f. *evacuate hospitals*
g. *historic monuments and artifacts*
h. *there was a lot of concern*
i. *members of the Saxon nobility*
j. *completely submerged*

Die große Flut *(flood)* in Dresden

Im August 2002 regnete es in Norddeutschland und anderen Teilen Europas so viel, dass das Wasser der Elbe in Dresden über neun Meter stieg. So hoch war die Elbe nicht einmal bei der Rekordflut von 1845. In ganz Deutschland machte man sich vor allem Sorgen um die historischen Kulturdenkmäler *(monuments)*.

Aber die Denkmäler Dresdens waren weniger in Gefahr, als im Fernsehen und in der Presse zuerst berichtet wurde. Das Dresdner Schloss, das Zentrum der historischen Altstadt, ragt wie eine Bastion hoch über dem Fluss. Auch die katholische Hofkirche liegt hoch genug, obwohl die Gruft mit den Sarkophagen der sächsischen Kurfürsten und Könige bald komplett unter Wasser stand.

In der Frauenkirche wurde pausenlos Wasser aus der Unterkirche gepumpt. Auch aus vielen Häusern überall in der Stadt hingen Schläuche *(hoses)*, die das Wasser, das von der Erde einsickerte, wieder auf die Straßen spuckten. Dresdens Einwohner erlebten zum ersten Mal die Topografie der Stadt und ein paar Zentimeter Höhe spielten plötzlich eine wichtige Rolle.

Der Zwingerhof war ein See und das Untergeschoss der Semperoper stand komplett unter Wasser. In der Semper-Galerie musste man die Keller sogar mit Wasser vollpumpen, damit die Mauern nicht einbrachen. Alle Kunstwerke wurden in die oberen Stockwerke gebracht, damit sie vom Wasser nicht zerstört werden konnten.

Fast alle Bundesländer schickten schnell Boote und Spezialfahrzeuge nach Dresden. Krankenwagen aus ganz Deutschland räumten in einer gigantischen Evakuierungsaktion drei Krankenhäuser. Stadtteile mit 30.000 Einwohnern wurden evakuiert. Polizisten, Feuerwehrmänner und private Helfer aus allen Teilen Deutschlands arbeiteten Tag und Nacht.

Die Flut war ein historisches Ereignis *(event)*. Überall drängten Leute mit Kameras und Ferngläsern *(binoculars)* auf die Brücken und an die Ufer. Ob es Katastrophentourismus oder Solidarität war, man konnte nur staunen *(be amazed)* mit welcher Gelassenheit *(composure)* die Dresdner eine der größten Katastrophen ihrer Geschichte bewältigten *(dealt with)*.

19 | Richtig oder falsch?

Kreuzen Sie an, ob die folgenden Aussagen richtig (R) oder falsch (F) sind. Verbessern Sie die falschen Aussagen.

		R	F
1.	Die Flut von 2002 entstand durch starke Regenfälle in Norddeutschland und anderen Teilen Europas.	❑	❑
2.	Bei der Rekordflut von 1845 war der Wasserspiegel der Elbe höher als 2002.	❑	❑
3.	Das Dresdner Schloss und die Hofkirche standen komplett unter Wasser.	❑	❑
4.	Damit die Mauern der Semper-Galerie nicht einbrachen, wurde Wasser in den Keller hineingepumpt.	❑	❑
5.	Die Kunstwerke der Semper-Galerie hat man in den oberen Stockwerken in Sicherheit gebracht.	❑	❑
6.	Helfer aus ganz Deutschland halfen bei der Evakuierung von Stadtteilen und Krankenhäusern.	❑	❑
7.	Die Dresdner waren relativ gelassen, obwohl die Flut eine der größten Katastrophen in der Geschichte ihrer Stadt war.	❑	❑

20 **Konjunktionen**

Setzen Sie die richtigen Konjunktionen ein, damit sich sinnvolle Sätze ergeben.

aber • damit • dass (× 2) • denn • obwohl • und

1. Es regnete im August 2002 so viel, _____ viele Flüsse in

    Norddeutschland überfluteten.

2. Viele Denkmäler in Dresden waren nicht in Gefahr, _____ im Fernsehen

    zuvor das Schlimmste berichtet wurde.

3. Das Dresdner Schloss und die katholische Hofkirche liegen hoch genug,

    _____ sie durch eine Flut nicht gefährdet sind.

4. In der Frauenkirche wurde das Wasser aus der Unterkirche gepumpt,

    _____ der Zwingerhof war ein See und das Untergeschoss der

    Semperoper stand komplett unter Wasser.

5. Der Keller der Semper-Galerie wurde sogar mit Wasser vollgepumpt,

    _____ die Mauern nicht einbrachen.

6. Drei Krankenhäuser wurden geräumt _____ Stadtteile mit

    30.000 Einwohnern wurden evakuiert.

7. In ganz Deutschland staunte man, _____ die Dresdner bewältigten eine

    der größten Katastrophen ihrer Geschichte mit relativer Gelassenheit.

D. Schreiben

21 **Kulturelles**

Sind Sie irgendwann mal ins Konzert, ins Museum oder in die Oper gegangen? Haben Sie ein Theaterstück oder Musical angeschaut? Schreiben Sie eine kurze Geschichte darüber, entweder im Perfekt oder im Imperfekt.

Schritt 1: Beschreiben Sie das Ereignis mit einfachen Hauptsätzen. Wie sah alles aus?

 Die Musik war sehr laut.

Überall waren junge Leute.

Die Stimmung war ausgezeichnet.

_____   _____

_____   _____

_____   _____

_____   _____

_____   _____

Verbinden Sie einige Sätze mit koordinierenden Konjunktionen **und, aber** und **sondern.**

z.B. Überall waren junge Leute, und die Stimmung war ausgezeichnet.

_____

_____

_____

_____

_____

Schritt 2: Beschreiben Sie mit einfachen Sätzen, was passiert ist.

z.B. Wir kauften die Karten im Internet.

Wir fuhren mit der U-Bahn dahin.

Wir warteten zwei Stunden am Eingang.

_____   _____

_____   _____

_____   _____

_____   _____

Verbinden Sie einige Sätze mit subordinierenden Konjunktionen **als, bevor, nachdem, während, seitdem, sobald** und **bis,** um die Chronologie der Geschichte zu beschreiben.

z.B. Nachdem wir mit der U-Bahn dahin gefahren waren, warteten wir zwei Stunden am Eingang.

_____

_____

_____

_____

Schritt 3: Bringen Sie jetzt alle Sätze in einem kleinen Aufsatz zusammen. Sie sollten auch andere Sätze einbringen, um das Ereignis möglichst genau zu beschreiben. Versuchen Sie auch, andere häufig gebrauchte Konjunktionen dabei zu benutzen (**weil, denn, dass**).

_____

_____

_____

_____

_____

22 ## Schreibaufgabe: Handlung (Synopse)/Zusammenfassung

Erklären Sie die Handlung (Synopse) Ihres Lieblingsfilms, Ihrer Lieblingsoper, oder Ihres Lieblingstheaterstücks. Nehmen Sie das folgende Beispiel als Modell.

Tristan und Isolde

Tristan wird auf einer Reise in Irland schwer verwundet. Isolde pflegt den verwundeten Tristan mit magischen Heilkräutern. Tristan muss an den Hof von König Marke in Cornwall reisen. Dort findet er heraus, dass Marke Isolde heiraten will; und Tristan selbst soll Isolde überreden, den König zu heiraten. Auf der Fahrt zu König Marke trinken Tristan und Isolde einen Becher Wein, ohne zu wissen, dass es ein Liebestrank ist. Tristan und Isolde verlieben sich und treffen sich heimlich im Garten der Königsburg – obwohl Isolde und König Marke schon verheiratet sind. König Marke ist sehr böse auf Tristan und Isolde, und der König will Tristan deshalb töten lassen. Als Zeichen der Liebe und Treue gibt Isolde Tristan einen Ring. Tristan flieht. Als König Marke erfährt, dass Tristan und Isolde sich durch einen Zaubertrank verliebt haben, verzeiht er den beiden. Aber Tristan stirbt vor Schwäche und Sehnsucht, und Isolde stirbt vor Schmerz über Tristans Tod.

_____

_____

_____

_____

_____

_____

_____

_____

_____

_____

_____

_____

_____

_____

_____

_____

_____

_____

_____

_____

_____

_____

Salzburg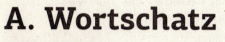

A. Wortschatz

Mündliches

Hören

Track 2-18

1 | **Station Salzburg**

Kreuzen Sie an, welche Wörter Sie hören.

❏ Altstadt   ❏ Denkmal

❏ Kirchen   ❏ Festspiele

❏ Schlösser   ❏ Veranstaltung

❏ Paläste   ❏ Erholung

❏ Festung   ❏ See

❏ Universität   ❏ Gebäck

❏ Burg   ❏ Kaffeehäuser

❏ Wohnhaus   ❏ Cappuccino

Track 2-19

2 | *Amadeus* – **Ein Film über Mozart**

Hören Sie zu und ergänzen Sie die Lücken.

1984 drehte der tschechische Regisseur Miloš Forman den Spielfilm *Amadeus*, in dem das Leben

Mozarts aus der Perspektive des Wiener Hofkomponisten Antonio Salieri erzählt wird. Der

(1) _____ Salieri ist neidisch auf den großen Erfolg seines Konkurrenten und

versuch Mozart, der (2) _____ nach Alkohol und Medikamenten ist, in den

Wahnsinn zu treiben. Viele Filmkritiker waren (3) _____, und 1985 gewann

der Film acht Oscars, unter anderem für die (4) _____ Kostüme und das

(5) _____ Drehbuch, in dem ein (6) _____

Porträt des Komponisten gezeichnet wird, das mit dem wirklichen Leben Mozarts allerdings kaum etwas

gemeinsam hat.

Sprechen

3 Fragen über Salzburg

Sie hören sechs Fragen über Salzburg. Benutzen Sie bei Ihren Antworten die vorgegebenen Elemente.

Sie hören: Was ist die Festung Hohensalzburg?

Sie lesen: Festung Hohensalzburg: die größte noch erhaltene Burg Europas

Sie sagen: Die Festung Hohensalzburg ist die größte noch erhaltene Burg Europas.

Sie hören: Richtig, die Festung Hohensalzburg ist die größte noch erhaltene Burg Europas.

1. Festung Hohensalzburg: die größte noch erhaltene Burg Europas
2. Herbert von Karajan: ein Dirigent, der die Salzburger Festspiele weltberühmt gemacht hat
3. Salzburger Festspiele: ein Festival, bei dem man hervorragende klassische Musik hören kann
4. Joseph Haydn: ein berühmter Komponist, der ein Zeitgenosse Mozarts war
5. Melange trinken: in einem der zahlreichen Salzburger Kaffeehäuser
6. berühmte Salzburger Sehenswürdigkeit: das Mozartdenkmal

4 Was ist das?

Beantworten Sie die Fragen und benutzen Sie dabei die vorgegebenen Elemente.

Sie hören: Was ist eine Melange?

Sie lesen: Melange: Kaffee, der mit aufgeschäumter Milch gemischt wird

Sie sagen: Eine Melange ist ein Kaffee mit aufgeschäumter Milch.

Sie hören: Genau, eine Melange ist ein Kaffee, der mit aufgeschäumter Milch gemischt wird.

1. Melange: Kaffee, der mit aufgeschäumter Milch gemischt wird
2. Krapfen: ein Gebäck, das mit Marmelade gefüllt ist
3. Gasse: eine enge Straße, die man hauptsächlich in alten Städten findet
4. Tagebuch: ein Buch, in das man persönliche Notizen schreibt
5. Festung: eine Burg, auf der früher Ritter wohnten
6. Semmel: ein Brötchen, das in Süddeutschland und Österreich anders heißt

Schriftliches

5 Fragen an einen Einheimischen

Finden Sie eine passende Antwort auf jede Frage und schreiben Sie den Buchstaben neben die Frage.

1. _____ Was ist Ihr Lieblingsgebäck?

2. _____ Gehen Sie oft ins Kaffeehaus?

3. _____ Welche Sehenswürdigkeiten muss ich in Salzburg unbedingt sehen?

4. _____ Was könnte ich meinen Verwandten in Amerika mitbringen?

5. _____ Wissen Sie irgendwelche Tatsachen über Salzburg?

6. _____ Was wissen Sie über den beliebtesten Sohn Ihrer Stadt, Mozart?

a. Er war ein musikalisches Wunderkind.

b. Ja, ich gehe gern ins Café Bazar. Die Melange da ist erstklassig!

c. Die Festung Hohensalzburg, natürlich. Aber es ist auch schön, einfach durch die kleinen Gassen zu laufen.

d. Krapfen finde ich wunderbar!

e. Eine Tüte Mozartkugeln! Die kann man mühelos in vielen Läden finden.

f. Hier wurde *The Sound of Music* gedreht.

6 Salzburger Assoziationen

Finden Sie eine passende Definition für jedes Nomen und schreiben Sie den Buchstaben neben das Wort.

1. _____ die Burg
2. _____ das Denkmal
3. _____ die Festspiele
4. _____ die Freude
5. _____ der Hof
6. _____ der Innenstädter
7. _____ der Schinken
8. _____ die Semmel

a. ein sehr positives Gefühl
b. jemand, der nicht auf dem Lande wohnt
c. eine Art Fleisch
d. Ein großes Gebäude aus dem Mittelalter, in dem Herrscher wohnten
e. das Salzburger Brötchen
f. dort war Mozart offizieller Kammermusiker
g. eine Struktur, die aus einem besonderen Grund gebaut wird
h. eine große Veranstaltung In Salzburg, die 1920 erstmals stattfand

7 Definitionen

Verbinden Sie die Adjektive mit den passenden Definitionen.

1. Wer _____ nach etwas ist, kann an nichts anderes mehr denken.

2. Wenn etwas _____ ist, dann ist es von höchster Qualität.

3. Wenn man von etwas _____ ist, dann findet man es richtig toll.

4. Ein Mensch, der _____ ist, besitzt die wichtigste Eigenschaft eines Detektivs.

5. Es wäre schön, wenn Männer und Frauen in jedem Aspekt _____ wären.

6. Wenn man Sport treibt, ist man danach oft _____.

7. Jemand, der sehr _____ ist, lebt viel in der Fantasie.

8. Was _____ ist, kann man nicht wissenschaftlich erklären.

a. begeistert
b. erstklassig
c. gleichberechtigt
d. scharfsinnig
e. süchtig
f. verträumt
g. übersinnlich
h. verschwitzt

8 Redemittel: Sagen, was man gerne hat

Bilden Sie Sätze mit den folgenden Redemitteln.

1. Mir gefällt _____.

2. Ich esse gern _____.

3. Ich trinke gern _____.

4. Ich mag _____.

5. Ich finde _____ schön.

B. Strukturen

Mündliches

Hören

9

Track 2-22

Im Café Tomaselli (Relativpronomen)

Sie kommen ins Café Tomaselli und suchen einen Platz. Hören Sie zu und ergänzen Sie die Tabelle.

	Wo?	Wer?	Relativpronomen	Was? (Handlung im Relativsatz)
1.	*vorne am Tisch*	*ein älterer Mann*	*der*	*trinkt Melange*
2.				
3.				
4.				
5.				
6.				

10

🔊

Track 2-23

Stadt oder Land? (Reflexivpronomen)

Zwei Salzburger spechen darüber, wie sie ihre Wochenenden verbringen. Hören Sie zu und ergänzen Sie die Lücken.

CHRISTIANE: Also, ich (1) _____ _____

sehr für alles, was mit Natur zu tun hat. An der frischen Luft kann ich

(2) _____ einfach am besten _____.

Wo ich dieses Wochenende genau hinfahre, muss ich (3) _____

noch _____, aber es wird wohl irgendeiner der Berge im

Salzburger Land sein. Ich (4) _____ jedenfalls schon

total drauf. Am liebsten wandere ich für ein paar Stunden und

(5) _____ _____ dann irgendwo

auf einen Stein, um (6) _____ in aller Ruhe die Landschaft

_____. Das ist für mich wirklich die schönste Erholung, die

ich (7) _____ _____ kann.

ALOIS: Ich bin ein absoluter Stadtmensch, ein ganzes Wochenende in der Natur könnte ich

(8) _____ überhaupt nicht. Ich bleibe in der Stadt, da

(9) _____ ich _____ garantiert

nicht. Oft (10) _____ ich _____ mit

meinem besten Freund, dem Thomas, in einem Kaffeehaus, wo wir

(11) _____ einen leckeren Kuchen

_____ und (12) _____ was zu

trinken _____. Ich (13) _____

_____ total gut mit ihm, und oft

(14) _____ wir _____ den ganzen

Nachmittag über Gott und die Welt.

Sprechen

In diesem Kapitel (Relativsätze)

Beantworten Sie die Fragen und benutzen Sie dabei die vorgegebenen Elemente mit einem Relativsatz.

Sie hören: Was für einen Aufsatz haben wir gelesen?

Sie lesen: Wir haben einen Aufsatz gelesen / den finde ich sehr interessant

Sie sagen: Wir haben einen Aufsatz gelesen, den ich sehr interessant finde.

Sie hören: Ja, wir haben einen Aufsatz gelesen, den ich sehr interessant finde.

1. Wir haben einen Aufsatz gelesen / den finde ich sehr interessant
2. Wir haben einen Mann kennengelernt / dessen Musik ist weltberühmt
3. Wir haben ein Problem diskutiert / das wird oft mit Tourismus verbunden
4. Wir haben über die Spiele gesprochen / die spielen wir am liebsten
5. Wir haben ein Bild angeschaut / auf dem kann man einen Fiaker sehen
6. Wir haben Rezepte im Internet gefunden / die können wir zu Hause ausprobieren
7. Wir haben viele Übungen gemacht / in denen haben wir mit Relativpronomen gearbeitet

Mit Freunden in Salzburg (Reflexivpronomen)

Beim Frühstück im Hotel planen Sie mit Ihren Freunden den Tag in Salzburg. Beantworten Sie die Fragen und benutzen Sie dabei die vorgegebenen Elemente.

Sie hören: Regine fühlt sich heute so müde, was soll sie machen?

Sie lesen: Regine / sollen / sich / hinlegen

Sie sagen: Regine soll sich hinlegen.

Sie hören: Ja, Regine soll sich hinlegen.

1. Regine / sollen / sich / hinlegen
2. Max und Gerte / sollen / sich / gut amüsieren
3. wir / können / sich / am Mozartdenkmal treffen
4. du / sollen / sich / nicht verspäten
5. ihr / müssen / sich / aber beeilen
6. wir / können / sich / am Abend ausruhen

Schriftliches

13 **Über das Kaffeehaus (Relativsätze)**

Verbinden Sie die zwei Sätze mit einem Relativpronomen. Achten Sie auf Kasus, Genus und Wortstellung.

 Das ist das Kaffeehaus. Ich lese jeden Tag in dem Kaffeehaus. →

Das ist das Kaffeehaus, in dem ich jeden Tag lese.

1. Das ist die Frau. Ich sehe sie oft im Kaffeehaus.

_____

2. Das ist der Kellner. Ich habe ihn durch das Fenster gesehen.

_____

3. Das ist der Tisch. Er steht neben dem Fenster.

_____

4. Das ist die Zeitung. Ich kaufe sie jeden Tag.

_____

5. Das ist der Mann. Ich habe ihm meine Zeitung gegeben.

_____

6. Das ist die Kellnerin. Ich habe ihr viel Trinkgeld gegeben.

_____

7. Das ist das Fenster. Vor dem Fenster steht ein Blumentopf.

_____

8. Da sind die Leute. Ich sehe sie immer am gleichen Tisch.

_____

9. Da sind die Leute. Es ist ihnen wichtig, immer am gleichen Tisch zu sitzen.

_____

10. Das ist der Kaffee. Seinen Geschmack mag ich besonders gern.

_____

11. Das ist die Gasse. In dieser Gasse kenne ich ein hübsches Geschäft.

_____

14 **Wohnortswünsche (Relativsätze)**

Bilden Sie Relativsätze.

z.B.   **Die Stadt hat viele Kaffeehäuser.** →

Ich möchte in einer Stadt wohnen, _____*die viele Kaffeehäuser hat*_____

1. Die Stadt ist attraktiv für Touristen.

   Ich möchte in einer Stadt wohnen, _____.

2. Viele Leute besuchen die Stadt.

   Ich möchte in einer Stadt wohnen, _____.

3. In der Stadt gibt es viel zu tun.

   Ich möchte in einer Stadt wohnen, _____.

4. Ihr Ruf *(reputation)* ist weltbekannt.

   Ich möchte in einer Stadt wohnen, _____.

5. Das Dorf liegt in den Bergen.

   Ich möchte in einem Dorf wohnen, _____.

6. Man kann das Dorf mit dem Zug nicht erreichen.

   Ich möchte in einem Dorf wohnen, _____.

7. In dem Dorf gibt es nur Bauernhöfe.

   Ich möchte in einem Dorf wohnen, _____.

8. Seine Bevölkerung ist sehr freundlich.

   Ich möchte in einem Dorf wohnen, _____.

15 **Mehr Mozart (Relativpronomen und -sätze)**

Verbinden Sie die zwei Sätze mit einem Relativpronomen.

1. Wolfgang Amadeus Mozart ist ein Komponist. Er ist in der ganzen Welt berühmt.

   _____

   _____

2. Im Alter von vier Jahren bekam er schon Klavierunterricht von seinem Vater. Er war Kammermusikus
   und später Hofkomponist.

   _____

   _____

3. 1762 machte er erste Konzertreisen mit seiner Schwester. Man nannte sie „Nannerl".

   _____

   _____

4. 1769 begann Mozart mit seinem Vater eine Italienreise. Sie dauerte fast dreieinhalb Jahre.

   _____

   _____

5. Mozart schrieb in seinem Leben viele Briefe. In den Briefen kann man interessante Informationen über seine Persönlichkeit, sein Leben und sein Werk finden.

_____

_____

6. 1782 heiratete Mozart Constanze Weber. Er hatte sie drei Jahre vorher in Mannheim kennengelernt.

_____

_____

7. Seine Oper *Le nozze di Figaro* hatte viele gesellschaftskritische Elemente. Sie machten Mozart beim Wiener Publikum unbeliebt.

_____

_____

8. In Wien komponierte er sechs Streichquartette. Sie sind Joseph Haydn gewidmet.

_____

_____

16 · In Salzburg (Reflexivpronomen und -verben)

Was wird heute in Salzburg gemacht? Ergänzen Sie die Sätze mit der passenden Form des Verbs in Klammern. Achten Sie auf die Verbkongruenz.

1. Ihr _____ _____ in einem Alpenurlaubsort

   _____. (sich ausruhen)

2. Thomas und Sabine _____ _____ in einem

   erstklassigen Hotel. (sich erholen)

3. Die Familie Kraus _____ _____, durch die Stadt

   zu kommen. (sich beeilen)

4. Du _____ _____ mit Freunden in der Innenstadt.

   (sich treffen)

5. Wir _____ _____ in einem Kaffeehaus. (sich

   unterhalten)

6. Stefan kann _____ keine Mozartkugeln _____.

   (sich leisten)

7. Ihr _____ _____,

   dass das ganze Alpengebiet so wie Salzburg aussieht. (sich einbilden)

8. Du _____ _____ beim Skifahren

   _____. (sich erkälten)

17 **Stadt oder Land, Teil 2 (Reflexivpronomen und –verben)**

Schauen Sie sie sich noch mal **Übung 10** (Stadt oder Land?) an und beantworten Sie dann die Fragen in ganzen Sätzen.

1. Was kann Christiane an der frischen Luft am besten machen?

   _____

2. Wohin genau fährt sie am Wochenende?

   _____

3. Was macht Christiane, wenn sie sich auf einen Stein auf einem Berg setzt?

   _____

4. Was passiert Alois in der Stadt garantiert nicht?

   _____

5. Wo trifft er sich mit Thomas?

   _____

6. Was machen sie zusammen?

   _____

18 **Persönliches (Reflexivpronomen und -verben)**

Schreiben Sie eine Frage und eine Antwort zu jedem Verb.

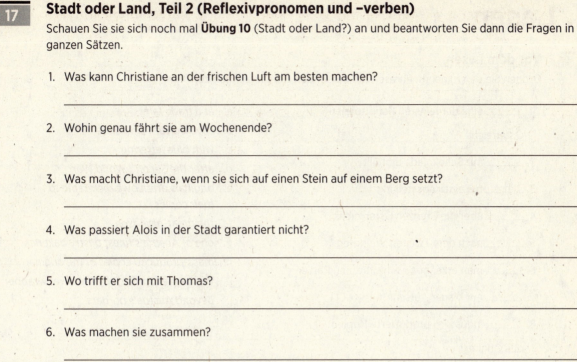

z.B.   **sich gerne ansehen →**

Was siehst du dir gerne an?

Ich sehe mir gerne Opern und Operetten an.

1. sich gerne kochen

   _____

2. sich gerne bestellen / im Restaurant

   _____

3. sich gerne ansehen / im Fernsehen

   _____

4. sich gerne anhören

   _____

5. sich fit halten

   _____

6. sich erholen

   _____

C. Lesen

Vor dem Lesen

Ordnen Sie den folgenden Phrasen die passenden Übersetzungen zu.

1. _____ eine der feinsten Konditoreien
   Österreichs

2. _____ mit Schokolade umhüllt

3. _____ bei einer Ausstellung

4. _____ über die Grenzen Österreichs

5. _____ nach dem Zweiten Weltkrieg

6. _____ man erkennt sie am silbernen Papier

7. _____ mit blauer Aufschrift

8. _____ industriell produzierte Kopien
   des Originals

9. _____ der Urenkel

10. _____ Originale werden oft durch ihre
    Kopien bekannt

a. *at a trade fair*

b. *covered with chocolate*

c. *with blue lettering*

d. *after the Second World War*

e. *originals often owe their fame to
    their copies*

f. *the great-grandson*

g. *one of Austria's finest pastry bakeries*

h. *mass-produced copies of the original*

i. *you can recognize it by the silver wrapper*

j. *beyond Austria's borders*

Mozartkugel ist nicht Mozartkugel

Der Konditor *(pastry chef)* Paul Fürst gründete 1884 in Salzburg eine Konditorei, die bis heute eine der feinsten Konditoreien Österreichs ist. 1890 erfand Paul Fürst eine Praline, die er Mozartkugel nannte. Die „Original Salzburger Mozartkugeln" von Paul Fürst bestehen heute wie damals aus einem Kern *(core)* aus Marzipan und Pistazien, der mit Nugat und dunkler Schokolade umhüllt *(covered)* wird. Sie werden noch heute im gleichen Haus von Hand produziert und in den vier Salzburger Geschäften des *Café Fürst* verkauft.

Nachdem Paul Fürst seine Mozartkugeln 1905 bei einer Ausstellung *(trade fair)* in Paris vorstellte, wurde die Salzburger Spezialität über die Grenzen Österreichs hinaus bekannt.

Bald kopierten auch andere Salzburger Konditoren die Mozartkugel. Nach dem Zweiten Weltkrieg wurden Millionen von Mozartkugeln industriell produziert. Aber die Mozartkugeln der Konditorei Fürst sind die einzigen, die sich „Original Salzburger Mozartkugeln" nennen dürfen. Man erkennt sie am silbernen Papier, auf dem mit blauer Aufschrift *Konditorei Fürst* steht.

Alle anderen Produkte sind industriell produzierte Kopien des Originals von Paul Fürst. Diese Produkte heißen zwar Mozartkugel und sehen auch ähnlich aus, aber sie sind eben nicht das Original. Der Urenkel von Paul Fürst, der jetzt im *Café Fürst* die „Original Salzburger Mozartkugeln" herstellt, ist von der höheren Qualität seiner Praline überzeugt. Aber er weiß auch, dass Originale oft durch ihre Kopien bekannt werden.

20 **Sätze verbinden**

Verbinden Sie die Satzteile, damit sich sinnvolle Sätze ergeben.

1. Das *Café Fürst* ist die Konditorei in

   Salzburg, _____

2. Paul Fürst erfand 1890 eine Praline, _____

3. In Salzburg hat das *Café Fürst* vier

   Geschäfte, _____

4. 1905 ging Paul Fürst zu einer Ausstellung

   in Paris, _____

5. Nach dem Zweiten Weltkrieg gab es auch

   Hersteller in der Süßwarenindustrie, _____

6. Die „Original Salzburger Mozartkugeln"

   von Paul Fürst sind in ein silbernes Papier

   verpackt, _____

a. die aus Marzipan, Pistazien, Nugat und
   Schokolade besteht.

b. bei der er seine Pralinen präsentierte.

c. in der die „Original Salzburger Mozartkugeln"
   hergestellt werden.

d. in denen die „Original Salzburger Mozartkugeln"
   verkauft werden.

e. die Kopien der Mozartkugel industriell
   produzierten.

f. auf dem der Name *Konditorei Fürst* steht.

21 **Relativsätze finden**

Suchen Sie die Relativsätze im Text.

z.B. Der Konditor Paul Fürst gründete 1884 in Salzburg eine Konditorei, *die bis heute eine der feinsten Konditoreien*

Österreichs ist

1. _____

   _____

2. _____

   _____

3. _____

   _____

4. _____

   _____

5. _____

   _____

D. Schreiben

Bescreiben

Mit Relativsätzen kann man ein Nomen weiter beschreiben. Versuchen Sie ganz genau zu beschreiben, wo Sie jetzt sind.

Schritt 1: Schauen Sie sich um und schreiben Sie eine Liste von Gegenständen und Personen, die Sie um sich sehen.

Schritt 2: Schreiben Sie zwei Sätze über den Gegenstand oder die Person. Denken Sie daran – der Gegenstand oder die Person muss **nicht** das Subjekt, sondern kann auch ein Objekt sein.

WAS IST UM MICH?	KOMMENTAR 1	KOMMENTAR 2
der Tisch	*Der Tisch steht vor mir.*	*Der Tisch ist unordentlich.*
das Sofa	*Ich sitze auf dem Sofa.*	*Ich habe es letztes Jahr gekauft.*

Schritt 3: Jetzt bringen Sie die Kommentare in einen Relativsatz zusammen. Sie könnten auch mit der Reihenfolge der Satzteile spielen.

Der Tisch, der vor mir steht, ist unordentlich.
Der Tisch, der unordentlich ist, steht vor mir.
Ich sitze auf dem Sofa, das ich letztes Jahr gekauft habe.
Das Sofa, auf dem ich sitze, habe ich letztes Jahr gekauft.

Schritt 4: Bringen Sie Ihre Sätze in einen kurzen Aufsatz zusammen. Sie sollen auch andere Sätze in den Aufsatz einbringen, die keine Relativsätze sind. Fangen Sie so an:

Ich befinde mich in einem Zimmer, in dem ich mich gut entspannen kann.

Ich befinde mich _____

_____

_____

_____

_____

_____

_____

_____

_____

_____

_____

_____

_____

_____

_____

_____

_____

_____

_____

_____

_____

_____

_____

_____

_____

23 **Schreibaufgabe: Restaurantkritik**

Schreiben Sie eine Restaurantkritik wie im folgenden Beispiel.

Café Bazar, Salzburg

Das Café Bazar in Salzburg ist genau wie das Café Tomaselli ein klassisches Kaffeehaus. In den Sommermonaten ist es auf der Terrasse direkt am Fluss besonders schön – es könnte sogar schwierig sein, einen freien Tisch zu finden. Aber auch im Winter ist es im Café Bazar sehr angenehm. Studenten, Touristen, Schauspieler und Musiker treffen sich im elegant eingerichteten Lokal unter der hohen Decke des großen Speiseraumes. Es gibt ein breites Angebot an österreichischen und internationalen Tageszeitungen. Kaffee und Kuchen sind exzellent, und es gibt Frühstück zu jeder Tageszeit. Der etwas unfreundliche, ältere Kellner gehört genauso zur Atmosphäre wie das Glas Wasser, das zu jeder Tasse Kaffee serviert wird.

_____

_____

_____

_____

_____

_____

_____

_____

_____

Wien

STATION 10

A. Wortschatz

Mündliches

Hören

1
🔊
Track 2-26

Station Wien

Ergänzen Sie die Lücken mit den Wörtern, die Sie hören.

Wien ist die große Hauptstadt eines kleinen Landes. Fast jeder fünfte Österreicher lebt in Wien.

Die Stadt ist das politische, wirtschaftliche und kulturelle Zentrum des Landes und gleichzeitig ein

(1) _____ beliebtes Ziel für Touristen.

Wien gilt als Weltstadt der Musik, Kunst und Kultur, und ist in eine wunderschöne

(2) _____ eingebettet. Aus der Zeit der Habsburger gibt es viele Schlösser

und (3) _____, wie die Hofburg und das Schloss Schönbrunn, sowie

prächtige Opern, Theater und Museen. Als alte (4) _____ und moderne

Metropole hat Wien ein besonderes Flair. Einer der berühmtesten Einwohner Wiens war sicher Sigmund

Freud, der Erfinder der (5) _____, der allerdings 1938 nach London

emigrierte. Viele Hotels, Restaurants und Kaffeehäuser in Wien erinnern an die Kaiserzeit; und weil

dieses goldene Zeitalter schon lange vergangen ist, spürt man in Wien überall eine gewisse

(6) _____.

Der Wiener, so sagt man, ist in erster Linie Wiener und in zweiter Linie Österreicher, was in so einer

traditionsreichen Stadt wohl ganz normal ist.

2
🔊
Track 2-27

Die Promotionsfeier

Helmut und Romana treffen sich auf dem Naschmarkt. Hören Sie zu und kreuzen Sie an, ob die Aussagen
richtig (R) oder falsch (F) sind. Verbessern Sie die falschen Aussagen.

	R	F
1. Helmut sucht ein Geschenk für Romana.	☐	☐
2. Jutta feiert ihren Geburtstag.	☐	☐

129

		R	F
3.	Jutta studiert Medizin.	☐	☐
4.	Jutta war als Au-pair-Mädchen in London.	☐	☐
5.	Das Thema der Dissertation ist „Hypnose und Gedächtnis".	☐	☐
6.	Romana freut sich nicht auf den Abend.	☐	☐

Sprechen

3 · Track 2-28

Was machen diese Leute?

Sie hören acht Fragen. Benutzen Sie bei Ihren Antworten die vorgegebenen Elemente.

Sie hören: Was macht ein Demonstrant?

Sie lesen: ein Demonstrant: demonstrieren und protestieren

Sie sagen: Ein Demonstrant demonstriert und protestiert.

Sie hören: Richtig, ein Demonstrant demonstriert und protestiert.

1. ein Demonstrant: demonstrieren und protestieren
2. eine Doktorandin: promovieren
3. ein Psychoanalytiker: Träume deuten
4. eine Tänzerin: auf dem Opernball vortanzen
5. ein Maler: Landschaften malen
6. Prominente: oft Aufmerksamkeit erregen
7. ein Kaiser: regieren
8. ein Austauschstudent: einen Studienaufenthalt im Ausland machen

4 · Track 2-29

Alles egal

Ihre Wiener Freundin möchte mit Ihnen weggehen, aber Ihnen ist heute alles egal. Beantworten Sie die Fragen mit den vorgegebenen Elementen.

Sie hören: Willst du lieber ins Kaffeehaus oder zum Heurigen gehen?

Sie lesen: Es ist mir egal, . . . ob / wir / ins Kaffeehaus oder zum Heurigen / gehen

Sie sagen: Es ist mir egal, ob wir ins Kaffeehaus oder zum Heurigen gehen.

Sie hören: Aha, es ist dir also egal, ob wir ins Kaffeehaus oder zum Heurigen gehen.

1. Es ist mir egal, . . . ob / wir / ins Kaffeehaus oder zum Heurigen / gehen
2. Es stört mich nicht, . . . dass / es heute / kalt sein
3. Es macht mir nichts aus, . . . wenn / Tatjana / auch / mitkommen
4. Es ist mir nicht wichtig, . . . dass / ich / vorher noch / meine Hausaufgaben / machen
5. Er ist mir gleich, . . . ob / wir / mit dem Fahrrad oder mit der Trambahn / fahren
6. Es ist mir gleichgültig, . . . was / heute / passiert

Schriftliches

5   Bericht über den Opernball

Benutzen Sie die Wörter aus der Liste, um den Bericht zu vervollständigen.

angeblich	Aufmerksamkeit	Aufsehen erregen	Ball
Demonstranten	Demonstration	eröffnen	gespannt
Krawall	Österreicherin	prominente	protestieren
Traum	vorgetanzt		

Ich stehe vor der Staatsoper in Wien. Heute Abend versammeln sich hier viele

(1) _____ Leute zum berühmtesten (2) _____

der Welt. Viele haben sich beworben und haben (3) _____, aber nur die

Besten dürfen den Ball (4) _____. Für viele junge Wiener ist das ein

(5) _____. Ich bin (6) _____ darauf, zu sehen,

wer heute Abend eingeladen wird. (7) _____ wird Richard Lugner eine

(8) _____ begleiten *(escort)*. Das würde natürlich großes

(9) _____. Wie in den letzten Jahren stehen die

(10) _____ schon vor dem Saal. Sie (11) _____

gegen Luxus und Kapitalismus und lenken die (12) _____ des

Publikums auf die Schattenseite des Vorganges *(event)*. Die (13) _____

hat schon heute Morgen angefangen. Wir können nur hoffen, dass es nicht zum

(14) _____ kommt.

6   Es war einmal . . .

Benutzen Sie die Wörter aus der Liste, um die folgenden kleinen Geschichten zu vollenden.

Habsburger • Hypnose • Kaiser • Nostalgie • Palast • promovierte • Psycholanalyse • Studienaufenthalt

Es war einmal eine reiche mächtige Familie, von der alle (1) _____

abstammten. Sie wohnten in einem (2) _____ in Wien. Die

(3) _____ herrschten während eines goldenen Zeitalters von Musik, Kunst

und Kultur. Es gibt in Wien immer noch viel (4) _____ nach dieser Zeit.

    Es gab einmal einen Mann, der die (5) _____ erfunden hat. Er studierte

in Wien und (6) _____ da zum Doktor der Medizin. Er zog danach nach

Frankreich für einen (7) _____. Er kam aber zurück nach Wien, wo er mit der

(8) _____ experimentierte.

7 **Definitionen**

Verbinden Sie die Verben mit den passenden Definitionen.

1. _____ emigrieren
2. _____ eröffnen
3. _____ promovieren
4. _____ protestieren
5. _____ ablaufen

a. weiter studieren, um einen Doktortitel zu bekommen
b. seine Meinung über etwas äußern, das man nicht gut findet
c. den Beginn einer Veranstaltung öffentlich erklären
d. stattfinden
e. ein Land verlassen, um in einem anderen Land zu leben

8 **Redemittel: Sagen, dass etwas egal ist**

Verbinden Sie die Aussagen mit den passenden Erklärungen.

1. _____ „Es ist mir egal, welche Note ich in Deutsch bekomme."
2. _____ „Es ist mir gleich, was wir heute zu Abend essen."
3. _____ „Mir ist es nicht wichtig, wie ich meinen Kaffee trinke."
4. _____ „Mich stört es nicht, dass mein T-Shirt ein Loch hat."
5. _____ „Es ist mir gleichgültig, in welchen Club wir am Wochenende gehen."

a. „Die Farbe hat mir sowieso nicht gefallen. Ich werfe es gleich in den Müll."
b. „Mein Notendurchschnitt ist schon lange ruiniert."
c. „Porzellantasse oder Plastikbecher – der Kaffee schmeckt immer gleich."
d. „Ich tanze sowieso nicht gern."
e. „Ich habe sowieso keinen großen Hunger."

B. Strukturen

Mündliches

Hören

9 **Ein beliebter Treffpunkt: Der Wiener Rathausplatz (Infinitive)**

Track 2-30

Hören Sie zu und verbinden Sie die passenden Satzteile.

1. Seit der Fertigstellung des Wiener Rathauses 1883 hatte man geplant, _____
2. Zur größten Demonstration auf dem Platz kamen 1911 etwa 100.000 Menschen, _____
3. In den siebziger Jahren schaffte es Bürgermeister Gratz, _____
4. Im Jahr 1990 hatte man die Idee, _____
5. Seither kommen bis zu 500.000 Besucher jeden Sommer, _____
6. Vielen Besuchern macht es Spaß, _____

a. im Juli und August ein Filmfestival zu veranstalten.
b. an einem der zahlreichen Stände zu essen und zu trinken.
c. den Rathausplatz zum Treffpunkt für die Wienerinnen und Wiener zu machen.
d. um gegen die allgemeine Teuerung zu protestieren.
e. um Opern- und Operettenfilme zu sehen.
f. den traditionellen Weihnachtsmarkt wieder auf den Platz zu holen.

10 — Der Walzerkönig: Johann Strauß (Infinitive und Adverbien)

Track 2-31

Hören Sie zu und ergänzen Sie die Lücken.

Wenn man vom Wiener Walzer spricht, kommt man nicht umhin, auch an einen der berühmtesten Söhne

Wiens (1) _____, Johann Strauß. Obwohl sein Vater, der ebenfalls Johann

hieß, geplant hatte, ihn zum Beamten ausbilden zu lassen, gelang es der Mutter, ihm ein Musikstudium

(2) _____. Schon der erste Auftritt 1844 war ein riesiger Erfolg und

(3) _____ begann Strauß auf Tourneen durch Europa und Nordamerika

(4) _____. Nach dem Tode seines Vaters übernahm er dessen Orchester

und wurde zum Hofball-Musikdirektor. (5) _____ ernannte er seinen Bruder,

Eduard Strauß, als Nachfolger, und begann, nicht mehr nur Tanzmusik, sondern auch Operetten

(6) _____. Die von ihm komponierte *Fledermaus* ist vielleicht die bekannteste

Operette aller Zeiten und wird noch heute auf vielen internationalen Bühnen aufgeführt. Und zum berühmten

Neujahrskonzert der Wiener Philharmoniker schalten jedes Jahr Millionen Menschen ihre Radios und

Fernsehapparate ein, um Walzer und Polkas der Strauß-Dynastie (7) _____.

Sprechen

11 — Was die Wiener gerne machen (Infinitivkonstruktionen)

Track 2-32

Beantworten Sie die Fragen und benutzen Sie dabei die vorgegebenen Elemente.

Sie hören: Was macht vielen Wienern Spaß?

Sie lesen: Es macht vielen Wienern Spaß / im Prater spazieren gehen.

Sie sagen: Es macht vielen Wienern Spaß, im Prater spazieren zu gehen.

Sie hören: Ja, es macht vielen Wienern Spaß, im Prater spazieren zu gehen.

1. Es macht vielen Wienern Spaß / im Prater spazieren gehen
2. Volker und Ulli freuen sich darauf / im Heurigen Wein trinken
3. Andreas hat vor / am Wochenende einen Kochkurs machen
4. Dorli findet es herrlich / im Volksgarten die Leute beobachten
5. Matthias und Rashid lieben es / auf dem Naschmarkt einkaufen
6. Ich finde es schön / stundenlang im Kaffeehaus sitzen

12 — Max und Gerte in Wien (Infinitive)

Track 2-33

Beantworten Sie die Fragen und benutzen Sie dabei die vorgegebenen Elemente.

Sie hören: Warum sind Max und Gerte nach Wien gefahren?

Sie lesen: Max und Gerte sind nach Wien gefahren / um / die Stadt besichtigen

Sie sagen: Max und Gerte sind nach Wien gefahren, um die Stadt zu besichtigen.

Sie hören: Genau, Max und Gerte sind nach Wien gefahren, um die Stadt zu besichtigen.

1. Max und Gerte sind nach Wien gefahren / um / die Stadt besichtigen
2. Sie haben am Bahnhof ein Taxi genommen / um / in ihr Hotel fahren
3. Sie wollten in die Volksoper / um / *Die Fledermaus* von Strauß sehen
4. Sie sind im Volkstheater gewesen / anstatt / in die Volksoper gehen
5. Sie haben oft am Würstlstand gegessen / anstatt / ins Restaurant gehen
6. Sie ist mit der U-Bahn gefahren / ohne / eine Fahrkarte haben
7. Max hat die Straße überquert / ohne / auf die rote Ampel achten

Schriftliches

13 **Was macht Sissi? (Infinitivkonstruktionen)**

Vervollständigen Sie die folgenden Sätze mit Infinitivkonstruktionen.

> **z.B.** **Es macht Sissi Spaß (um die Welt / reisen) →**
>
> Es macht Sissi Spaß, um die Welt zu reisen.

1. Sissi hat vor (ein Schloss / in Griechenland / bauen)

   _____

2. Sissi versucht (modisch / sich kleiden)

   _____

3. Sissi hat Lust (im Wienerwald / reiten)

   _____

4. Sissi findet es schön (ohne ihre Familie / reisen)

   _____

5. Sissi findet es schwer (mit ihrem Mann / leben)

   _____

6. Sissi soll nicht vergessen (nach Österreich / zurückreisen)

   _____

7. Sissi ist nicht glücklich darüber (Kaiserin / sein)

   _____

14 **Persönliches (Infinitive)**

Schreiben Sie die Sätze mit persönlicher Information.

1. Es macht mir Spaß, _____.

2. Es macht mir überhaupt keinen Spaß, _____.

3. Nächstes Jahr habe ich vor, _____.

4. Am Wochenende plane ich, _____.

5. Ich finde es ziemlich ärgerlich, _____.

6. Es fällt mir leicht, _____.

15 **Chronologie eines Ausflugs (Adverbien)**

Schreiben Sie die folgenden Sätze so um, dass sie mit dem Adverb beginnen.

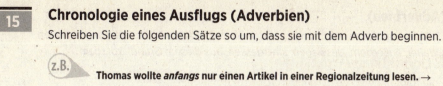

z.B. **Thomas wollte *anfangs* nur einen Artikel in einer Regionalzeitung lesen.** →

Anfangs wollte Thomas nur einen Artikel in einer Regionalzeitung lesen.

1. Thomas und Paul sind **zuerst** nach Salzburg gefahren.

   _____

2. Sie mussten **bald darauf** nach Bad Reichenhall fahren, um die Zeitung zu finden.

   _____

3. Sie sind **danach** enttäuscht nach Nathal gefahren.

   _____

4. Paul hatte **später** die Idee, nach Bad Hall zu fahren.

   _____

5. Sie sind **dann** nach Steyr gefahren, weil es nicht weit entfernt war.

   _____

6. Sie haben **schließlich** die Zeitung in Linz gefunden.

   _____

16 **Kafkaesk (Adverbien)**

Schreiben Sie die Geschichte weiter und verwenden Sie für jeden Satz das angegebene Adverb.

ADVERB	IN MEINER SPRACHE	SATZ.
1. eines Morgens	*one morning*	*Eines Morgens wachte ich auf und war ein Insekt.*
2. anfangs	_____	_____
3. langsam	_____	_____
4. plötzlich	_____	_____
5. trotzdem	_____	_____
6. bald darauf	_____	_____
7. heute	_____	_____
8. daher	_____	_____

17 ## Anders gesagt (Adverbien)

Schreiben Sie jeden Satz in zwei Sätze um und verwenden Sie dabei Adverbien statt Konjunktionen.
Benutzen Sie *darum, daher, außerdem, deswegen, stattdessen, aus diesem Grund, trotzdem.*

z.B. *(daher)* **Weil es in den vergangenen Jahren immer wieder Demonstrationen gegen den Opernball gab,**

sind viele Besucher nicht mehr gekommen. →

In den vergangenen Jahren gab es immer wieder Demonstrationen gegen den Opernball. Daher sind viele

Besucher nicht mehr gekommen.

1. Obwohl viele Besucher wegen der Demonstrationen nicht kommen, ist der Opernball jedes Jahr

   ausverkauft.

   _____

   _____

2. Weil Helmut Qualtinger in der Figur des Herrn Karl einen „normalen" Wiener zeigt, kann er der Wiener

   Gesellschaft besonders gut einen Spiegel vorhalten.

   _____

   _____

3. Obwohl Johann Strauß zum Beamten ausgebildet werden sollte, gelang es der Mutter, ihm ein

   Musikstudium zu ermöglichen.

   _____

   _____

4. Mit *Der dritte Mann* ist es Carol Reed nicht nur gelungen, einen spannenden Thriller zu schaffen,

   sondern er brauchte noch dazu nur fünf Wochen, ihn zu drehen.

   _____

   _____

5. Da der Schriftsteller Thomas Bernhard lange in Sanatorien und Lungenkrankenhäusern bleiben musste,

   begann er intensiv zu lesen und zu schreiben.

   _____

   _____

6. Weil die deutschen Truppen 1938 in Wien einmarschierten, emigrierte Sigmund Freud mit seiner Familie

   nach London.

   _____

   _____

18 **Das Leben eines Psychoanalytikers (Adverbien und Imperfekt)**

Schreiben Sie einen Satz mit jedem Adverb, um Freuds Leben zu beschreiben. Schreiben Sie im Imperfekt und seien Sie kreativ! Achten Sie auf die Wortstellung.

z.B. **selten**

Freud ging selten spazieren.

1. manchmal

   _____

2. immer

   _____

3. oft

   _____

4. ab und zu

   _____

5. nie

   _____

6. einmal

   _____

7. jeden Tag

   _____

C. Lesen

19 **Vor dem Lesen**

Ordnen Sie den folgenen Phrasen die passenden Übersetzungen zu.

1. _____ in der Nußdorfer Str. 54

2. _____ Jahre verbringen

3. _____ ein Museum einrichten

4. _____ seine musikalische Entwicklung

5. _____ seine charakteristische Brille

6. _____ eine Gedenkstätte

7. _____ sein Lebensende

8. _____ der letzte von ihm geschriebene Brief

9. _____ er soll einmal gesagt haben: . . .

10. _____ zwischen diesen beiden Orten

a. *a memorial*

b. *his development as a musician*

c. *spend years*

d. *he is supposed to have said once: . . .*

e. *the last letter he wrote*

f. *the last years of his life*

g. *between these two places*

h. *his characteristic glasses*

i. *establish a museum*

j. *at 54 Nußdorfer St.*

Die zwei Franz-Schubert-Gedenkstätten *(memorials)* in Wien

Franz Schubert wurde am 31. Januar 1797 in der Küche einer kleinen Wohnung in der Nußdorfer Straße 54 in Wien geboren. In dieser Wohnung, in der er die ersten viereinhalb Jahre seines Lebens verbrachte, hat die Stadt Wien ein Museum eingerichtet, um dort sein Leben zu dokumentieren. Es gibt Informationen über Schuberts Familie, seine Ausbildung und seine musikalische Entwicklung. Neben vielen Porträts von Franz Schubert ist vor allem seine charakteristische Brille zu sehen.

Eine zweite Gedenkstätte hat man in der Wohnung in der Kettenbrückengasse 6 eingerichtet, in der er 1828 im Alter von 31 Jahren starb. In dieser Wohnung, die damals seinem Bruder Ferdinand gehörte, lebte er nur zweieinhalb Monate bis zu seinem Tod. Dort wird vor allem über Schuberts Lebensende berichtet. Dorthin kann man gehen, um seine letzten Kompositionen, den letzten von ihm geschriebenen Brief und Dokumente über seinen Tod zu sehen.

Schuberts kurzes, aber sehr produktives Leben liegt zwischen diesen beiden Orten. Schubert soll einmal zu einem Freund gesagt haben, er sei nur auf die Welt gekommen, um zu komponieren. Er komponierte Messen, Orchesterwerke und Kammermusik, Opern, Operetten und mehr als 600 Lieder. In den beiden Wiener Gedenkstätten haben Besucher die Möglichkeit, Franz Schuberts Leben und seine Musik besser kennenzulernen.

20 ## Richtig oder falsch?

Sagen Sie, ob die folgenden Aussagen zum Text oben richtig (R) oder falsch (F) sind. Verbessern Sie die falschen Aussagen.

		R	F
1.	Die Wohnung in der Nußdorfer Straße 54 ist jetzt eine Schubert-Gedenkstätte.	❑	❑
2.	Seine berühmte Brille ist in der Wiener Staatsoper zu sehen.	❑	❑
3.	Schubert ist 1828 in der Kettenbrückengasse 6 gestorben.	❑	❑
4.	Die Wohnung in der Kettenbrückengasse 6 gehörte seinem Bruder.	❑	❑
5.	Sein letzter Brief ist in der Kettenbrückengasse 6 ausgestellt.	❑	❑
6.	Weil er nur 31 Jahre alt wurde, hat er nicht viel komponieren können.	❑	❑
7.	Besucher können nur die Gedenkstätte in der Nußdorfer Straße 54 besuchen.	❑	❑

21 **Halbe Sätze**

Finden Sie die passenden Satzergänzungen.

1. Die Stadt Wien renovierte die Wohnung in der Nußdorfer Straße 54, _____.

    a. um sie vor dem Abriss zu retten.

    b. um eine Wohnung für arme Komponisten dort einzurichten.

    c. um dort eine Schubert-Gedenkstätte einzurichten.

2. Touristen aus der ganzen Welt besuchen die Wohnung in der Nußdorfer Straße 54, _____.

    a. um dort Wiener Schnitzel zu essen.

    b. um sich über Franz Schuberts Leben zu informieren.

    c. um einen typischen Wiener Weinkeller zu sehen.

3. Um Schuberts letzten Brief zu sehen, _____.

    a. muss man in die Nußdorfer Straße 54 gehen.

    b. muss man in die Kettenbrückengasse 6 gehen.

    c. muss man nach Schönbrunn fahren.

4. Um das Andenken Franz Schuberts zu bewahren, _____.

    a. hat seine Familie in der Kettenbrückengasse 6 eine Klavierschule gegründet.

    b. hat die Stadt Wien zwei Gedenkstätten eingerichtet.

    c. wurde Franz Schubert in der Hofburg begraben.

D. Schreiben

22 **Leidenschaft**

In der Lektüre im Kursbuch haben Sie über Paul Wittgenstein, den leidenschaftlichsten Opernbesucher Wiens, gelesen.

„Er riß mit seiner Begeisterung die ganze Oper mit, er konnte so laut in Bravorufe oder in Pfiffe ausbrechen wie keiner vor und keiner nach ihm."

Kennen Sie eine Person, die etwas sehr leidenschaftlich macht?

Schritt 1: Machen Sie eine Liste von Verben oder Verbphrasen, die Sie mit dieser Person und ihrer Leidenschaft assoziieren. Dann schreiben Sie ein passendes Adverb für jedes Verb.

VERB	ADVERB
in die Oper gehen	*jeden Tag*
in Pfiffe ausbrechen	*laut*

_____   _____

_____   _____

_____   _____

_____   _____

_____   _____

_____   _____

Schritt 2: Beschreiben Sie Ihre Person weiter und ergänzen Sie die folgenden Sätze mit einem Infinitivsatz.

_____ freut sich, _____.

_____ findet es herrlich, _____.

_____ hofft, _____.

_____ versucht, _____.

_____ vergisst nie, _____.

Schritt 3: Jetzt bringen Sie Ihre Sätze zusammen, um diese Person und ihre Leidenschaft zu beschreiben. Erklären Sie, *was* die Person macht, *wie* und auch *warum* sie das macht.

_____

_____

_____

_____

_____

_____

_____

_____

_____

_____

_____

_____

_____

_____

_____

_____

_____

23 ### Schreibaufgabe: Blog-Eintrag

Schreiben Sie einen Blog-Eintrag. Berichten Sie von einem Ereignis, einem Ausflug, oder einer interessanten Situation oder Beobachtung. Benutzen Sie das folgende Beispiel als Modell.

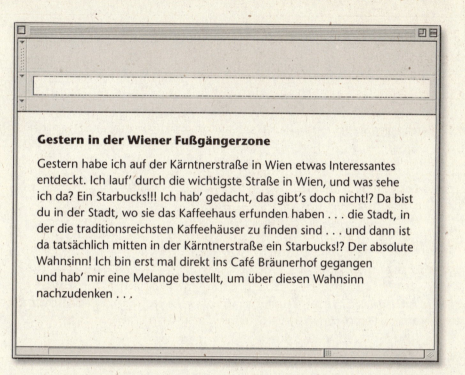

Gestern in der Wiener Fußgängerzone

Gestern habe ich auf der Kärntnerstraße in Wien etwas Interessantes entdeckt. Ich lauf' durch die wichtigste Straße in Wien, und was sehe ich da? Ein Starbucks!!! Ich hab' gedacht, das gibt's doch nicht!? Da bist du in der Stadt, wo sie das Kaffeehaus erfunden haben . . . die Stadt, in der die traditionsreichsten Kaffeehäuser zu finden sind . . . und dann ist da tatsächlich mitten in der Kärntnerstraße ein Starbucks!? Der absolute Wahnsinn! Ich bin erst mal direkt ins Café Bräunerhof gegangen und hab' mir eine Melange bestellt, um über diesen Wahnsinn nachzudenken . . .

_____

_____

_____

_____

_____

_____

_____

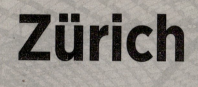

A. Wortschatz

Mündliches

Hören

1

Station Zürich

Track 2-34

Ergänzen Sie die Lücken mit den Wörtern, die Sie hören.

Zürich ist eines der größten Finanzzentren Europas und nach New York, London und Tokio der viertwichtigste Börsenplatz der Welt. Doch obwohl die Schweiz in der Mitte Europas liegt, ist das Land bis heute nicht der Europäischen Union (1) _____.

Durch den Zürichsee und die Limmat dreht sich in Zürich viel ums Wasser. Bei Rundfahrten entlang der Limmat und auf dem See kann man das (2) _____ Alpenpanorama (3) _____.

Auch wenn die Schweiz als Alpenland in vieler Hinsicht ein besonderes Land ist, muss man den historischen (4) _____ kennen, um die Struktur, die (5) _____ und die Kultur dieses (6) _____ kleinen Landes verstehen zu können.

2

Schule für alle

Track 2-35

Johann Heinrich Pestalozzi (1746–1827) ist bekannt als Schulreformer und Vater der Waisenkinder *(orphans)*. Hören Sie zu und kreuzen Sie an, ob die Aussagen richtig (R) oder falsch (F) sind. Verbessern Sie die falschen Aussagen.

	R	F
1. Pestalozzi wollte Bildung für alle Menschen einführen.	☐	☐
2. Er hielt an traditionellen Erziehungsmethoden fest.	☐	☐
3. Man hält es für nicht besonders effektiv, mit Emotionen zu lernen.	☐	☐
4. Als Lebensmotto wählte er: „Alle für einen, einer für alle."	☐	☐

143

	R	F

5. Viele Schulen auf der ganzen Welt sind nach Pestalozzi benannt.   ☐ ☐

6. In Zürich erinnern zwei Museen an den unabhängigen Pädagogen.   ☐ ☐

Sprechen

3

Track 2-36

Fragen über die Schweiz

Sie hören sechs Fragen über die Schweiz. Benutzen Sie bei Ihren Antworten die vorgegebenen Elemente.

Sie hören: Was ist Schweizerdeutsch?

Sie lesen: Schweizerdeutsch: ein Dialekt des Hochdeutschen

Sie sagen: Schweizerdeutsch ist ein Dialekt des Hochdeutschen.

Sie hören: Richtig, Schweizerdeutsch ist ein Dialekt des Hochdeutschen.

1. Schweizerdeutsch: ein Dialekt des Hochdeutschen
2. Landeswährung: der Schweizer Franken
3. Schweizer Föderation: Eidgenossenschaft
4. auf dem Zürichsee: einen Rundblick auf die Alpen
5. Schweizer Akzent: die besondere Schweizer Aussprache
6. Schweizer Soldat: Wehrdienst in der Schweizer Armee

4

Track 2-37

Eine Woche in Zürich (Redemittel)

Beantworten Sie die Fragen und benutzen Sie dabei die vorgegebenen Elemente.

Sie hören: Was willst du heute am liebsten machen?

Sie lesen: vor allem / wollen / heute / das Zentrum Paul Klee besuchen

Sie sagen: Vor allem will ich heute das Zentrum Paul Klee besuchen.

Sie hören: Prima, du willst also vor allem heute das Zentrum Paul Klee besuchen.

1. vor allem / wollen / heute / das Zentrum Paul Klee besuchen
2. hauptsächlich / wollen / morgen / auf den Uetliberg fahren
3. auf jeden Fall / müssen / an den Quaianlagen skaten gehen
4. auf alle Fälle / wollen / die Fraumünsterkirche mit den Fenstern von Marc Chagall sehen
5. unbedingt / wollen / durch die Bahnhofstrasse bummeln
6. jedenfalls / wollen / unter keinen Umständen im Hotel bleiben

Schriftliches

5

In der Schweiz

Ergänzen Sie jeden Satz mit einem Verb aus der Liste.

eingeführt • halten . . . fest • vermeiden • wechseln • wirkt . . . mit

1. Die Schweizer _____ an ihren Sprachtraditionen

   _____

2. Die Schweiz _____ nicht in der EU _____

3. Der Euro wurde in der Schweiz nicht _____.

4. In der Schweiz muss man seine Euros bei der Bank _____.

5. Manche jungen Leute wollen den Militärdienst _____ und machen

   stattdessen Zivildienst.

6 Das Leben eines Schriftstellers

Ergänzen Sie jede Aussage über Max Frisch mit einem Verb aus der Liste.

abbrechen • abschaffen • beschäftigte sich • hatten ... gemeinsam • verbrannte •
schloss ... ab

Max Frisch ...

1. musste sein Studium aus finanziellen Gründen _____.

2. _____ seine ganzen Manuskripte.

3. _____ sein Architekturstudium 1941 _____.

4. _____ _____ mit dem Schreiben.

5. und Friedrich Dürrenmatt _____ viel _____.

6. wollte die Schweizer Armee _____.

7 Ein paar Sätze...

Schreiben Sie Sätze (vielleicht über die Schweiz?) mit den folgenden Wörtern. Sie können auch einen
Beispielsatz im Buch suchen und verwenden.

1. der Wohlstand

   _____

2. der Dialekt

   _____

3. die Europäische Union

   _____

4. der Franken

   _____

5. Schweizerdeutsch

   _____

6. der Lebensunterhalt

   _____

7. appetitlich

   _____

8. die Fremdsprache

   _____

8 Redemittel: Betonen, was wichtig ist

Verbinden Sie die Fragen mit den passenden Antworten.

1. _____ Was interessiert Sie an der Schweiz?

2. _____ Welche Schweizer Spezialitäten würden Sie gerne einmal probieren?

3. _____ Was raten (recommend) Sie jedem, der eine Fremdsprache lernen will?

4. _____ Wie kann man Filme in einer Fremdsprache richtig genießen?

a. Auf jeden Fall würde ich gerne einmal Züricher Geschnetzeltes probieren.

b. Vor allem die Sprachenvielfalt in der Schweiz finde ich sehr interessant.

c. Hauptsache ist, man liest viel und hört viel in der fremden Sprache, die man lernen will.

d. Das Wichtigste ist, dass man bei Filmen nicht versucht, jedes Wort zu verstehen.

B. Strukturen

Mündliches

Hören

9 Ein Gemälde von Klee (Adjektive)

🔊 Track 2-38

Hören Sie gut zu und ergänzen Sie die folgende Beschreibung.

In der Mitte des (1) _____ Gemäldes schwimmt ein

(2) _____ Fisch in einem (3) _____ See. Er hat

ein (4) _____, (5) _____ Auge und

(6) _____ (7) _____ Flossen. Über dem

(8) _____ Fisch schwimmt ein (9) _____

Fischlein. Es sind auch andere (10) _____ Fische in dem

(11) _____ Wasser. Unten in der (12) _____ Ecke

sehen wir einen (13) _____ Fisch. (14) _____

Flecken schimmern durch das (15) _____ Wasser.

(16) _____ blaue Pflanzen wachsen in der

(17) _____ Dunkelheit dieses (18) _____ Bildes.

10 Martin Suter: Romane mit Geheimnis (Adjektive)

🔊 Track 2-39

Ergänzen Sie die Lücken mit den Adjektivendungen, die Sie hören.

Martin Suter ist ein (1) erfolgreich_____ Schweizer Autor. Er lebt mit seiner Frau, der (2) bekannt_____

Architektin Margrith Nay Suter auf Ibiza und in Guatemala. Er war Director einer (3) renommiert_____

Werbeagentur. Seit 1991 arbeitet er als (4) frei_____ Autor. Von 1992 bis 2004 zeichnete Suter für die

(5) wöchentlich_____ Kolumne „Business Class" in der Zeitschrift Weltwoche. Seine Romane sind

(6) ganz_____ (7) deutschsprachig_____ Raum (8) bekannt_____. In Romanen wie „Die

(9) dunkl_____ Seite des Mondes" und „Ein (10) perfekt_____ Freund" verbindet Suter einen Krimi, der

eine eher (11) unwichtig_____ Rolle spielt, mit (12) gesellschaftskritisch_____ Aspekten. Sein Roman

„Small World" wurde 1997 mit einam Literatur-Preis des Kantons Zürich und 1998 mit dem

(13) französisch_____ Literaturpreis ausgezeichnet. In Suters Roman „Lila, Lila" versucht der

(14) jung_____, (15) unbeholfen_____ Kellner David, der in einem (16) modern_____ Zürcher

Szenelokal arbeitet, erfolglos bei der (17) attraktiv_____ Literaturstudentin Marie zu landen. David zeigt

Marie ein (18) geklaut_____ Romanmanuskript, das er als selbst (19) geschrieben_____ Werk ausgibt.

Marie interessiert sich darafhin für ihn, aber er bekommt (20) gewaltig_____ Probleme . . .

Sprechen

Fragen über Martin Suter (Adjektivendungen)

11 Beantworten Sie die Fragen und benutzen Sie dabei die vorgegebenen Elemente.

Track 2-40

Sie hören: Wer ist Martin Suter?

Sie lesen: ist / ein / erfolgreich / Schweizer Schriftsteller

Sie sagen: Er ist ein erfolgreicher Schweizer Schriftsteller

Sie hören: Ja, Martin Suter ist ein erfolgreicher Schweizer Schriftsteller.

1. ist / ein / erfolgreich / Schweizer Schriftsteller
2. arbeitet als / frei / Autor
3. schreibt / die / wöchentlich / Kolumne „Business Class"
4. heißt / „Ein / perfekt / Freund"
5. wurde ausgezeichnet / mit dem / deutsch / Krimipreis
6. gewinnt ihre Liebe / mit einem / geklaut / Manuskript

Max und Gerte in der Schweiz (Adjektive mit Präpositionen)

12 Beantworten Sie die Fragen und benutzen Sie dabei die vorgegebenen Elemente.

Track 2-41

Sie hören: Wovon sind Max und Gerte überzeugt?

Sie lesen: überzeugt von / die Schönheit der Schweiz

Sie sagen: Sie sind überzeugt von der Schönheit der Schweiz.

Sie hören: Ja, sie sind bestimmt überzeugt von der Schönheit der Schweiz.

1. überzeugt von / die Schönheit der Schweiz
2. ganz verrückt nach / die gute Schweizer Schokolade
3. total begeistert von / die Multikulturalität Zürichs
4. interessiert an / die moderne Schweizer Literatur
5. reich an / Naturschönheiten
6. bereit zu / eine Reise in die Schweiz

Schriftliches

13   **Die Zürcher Altstadt (attributive Adjektive)**

Ergänzen Sie die Lücken mit dem passenden Adjektiv aus der Liste.

interessante • prächtigen • erhaltene • gemütliche • alte • mittelalterlichen • linken • alte • herrlichen • köstliche

Eine der Sehenswürdigkeiten Zürichs ist die gut (1) _____ Altstadt. Auf der rechten

Seite des Flusses Limmat steht das (2) _____ Rathaus im Stil der Renaissance

und das Großmünster, von dessen Turm man einen (3) _____ Blick über die ganze

Altstadt hat. Im Stadtarchiv am Neumarkt kann man ein Modell der (4) _____ Stadt

Zürich besichtigen. Im Niederdorf kann man viele (5) _____ Bierstuben finden, in

denen man die (6) _____ Schweizer Küche genießen kann. Auf der

(7) _____ Seite der Limmat gibt es ebenfalls viele

(8) _____. Sehenswürdigkeiten, darunter die fünf (9) _____

Fenster der Frauenmünsterkirche, die von Marc Chagall gestaltet wurden.

14   **Das findet man in Zürich (attributive Adjektive)**

Schreiben Sie die Phrasen neu wie im Beispiel.

 eine Altstadt, die gut erhalten ist →

eine gut erhaltene Altstadt

1. die Kirche, die gotisch ist

   _____

2. der Fluss, der tief ist

   _____

3. ein Schriftsteller, der berühmt ist

   _____

4. ein Boot, das schnell ist

   _____

5. viele Häuser, die alt sind

   _____

6. einige Gassen, die sehr schmal sind

   _____

7. ein Café, das gemütlich ist

   _____

8. Museen für Menschen, die kunstinteressiert sind

   _____

9. das Großmünster mit dem Turm, der hoch ist

_____

10. der Bürkliplatz mit seinem Flohmarkt, der sehenswert ist

_____

15 Informationen über Dürrenmatt (attributive Adjektive)

Ergänzen Sie die Lücken mit den passenden Adjektivendungen.

1. Friedrich Dürrenmatt war einer der bekanntest_____ Schriftsteller der Schweiz.

2. Er kritisierte immer die bequem_____ Neutralität der Schweiz, vor allem während und nach dem

   Zweit_____ Weltkrieg.

3. Er nannte die Neutralität ein zynisch_____ Mittel der Politik.

4. Er hat alle immer wieder zu kritisch_____ Gesprächen provoziert.

5. Er war ein kritisch_____ Beobachter.

6. Er meinte, die menschlich_____ Probleme stecken immer hinter jeder Politik.

7. Er feierte mit Freunden den erst_____ August.

8. Er lebte in der französisch_____ Schweiz.

9. Er baute sich ein immer größer_____ Anwesen.

10. Seine früh_____ Texte waren eine Reaktion auf den Krieg.

11. Er konzentrierte sich auf das Schreiben seiner literarisch_____ Memoiren.

12. Er meinte, es gebe keine schweizerisch_____ Nation.

16 Aussagen über die Schweiz (attributive Adjektive)

Ihr Reiseleiter ist begeistert von Zürich. Schreiben Sie die passenden Adjektivendungen in die Lücken.
Achten Sie auf starke und schwache Adjektivendungen.

1. Unser interessant_____ Dialekt klingt anders als Hochdeutsch.

2. Man kann unseren interessant_____ Dialekt in der Schweiz hören.

3. In unserem interessant_____ Dialekt sprechen die meisten Schweizer.

4. Die Sprecher unseres interessant_____ Dialekts wohnen überall in der Schweiz.

5. Unsere interessant_____ Mundart klingt anders als Hochdeutsch.

6. Man kann unsere interessant_____ Mundart fast überall in der Schweiz hören.

7. In unserer interessant_____ Mundart sprechen die meisten Schweizer.

8. Die Sprecher unserer interessant_____ Mundart wohnen überall in der Schweiz.

9. Unser klein_____ Land heißt die Schweiz.

10. Sie sollten unser klein_____ Land auch einmal besuchen.

11. Von unserem klein_____ Land kann man vielleicht etwas lernen.

12. Die Kultur unseres klein_____ Landes ist sehr interessant.

17 Noch mehr über die Schweiz (Adjektive mit Präpositionen)

Benutzen Sie die gegebenen Wörter, um einen Satz zu schreiben. Achten Sie dabei auf den Kasus.

z.B.   **Zürich / reich an / Banken und Finanzinstitutionen →**

Zürich ist reich an Banken und Finanzinstitutionen.

1. die Schweiz / stolz auf / ihre Sprachenvielfalt

_____

2. andere Länder / neidisch auf / die Unabhängigkeit der Schweiz

_____

3. die Studenten / neugierig auf / das Schweizerdeutsch

_____

4. der Millionär / interessiert an / das Schweizer Bankgeheimnis

_____

5. die Amerikanerin / verrückt nach / die Schweizer Schokolade

_____

6. die Schweizer / gewöhnt an / die Mehrsprachigkeit

_____

18 Persönliches (Adjektive mit Präpositionen)

Beantworten Sie die folgenden Fragen mit ganzen Sätzen.

1. Worauf sind Sie stolz?

_____

2. Worauf sind Sie neugierig?

_____

3. Worauf sind Sie neidisch?

_____

4. Woran sind Sie interessiert?

_____

5. Wonach sind Sie verrückt?

_____

6. Wovon sind Sie abhängig?

_____

19 **Städtevergleich (Komparativ und Superlative)**

Ein Freund / Eine Freundin von Ihnen kommt von einer herrlichen Reise zurück und erzählt. Ergänzen Sie die Komparativ- und Superlativformen.

1. Das Verkehrssystem in Zürich war **groß,** das Verkehrssystem in München war

   _____, aber das Verkehrssystem in Berlin war am

   _____.

2. Das Nachtleben in Salzburg war **spannend,** das Nachtleben in Dresden war

   _____, aber das Nachtleben in Hamburg war am

   _____.

3. Die Geschichte Wiens fand ich **interessant,** die Geschichte Leipzigs fand ich

   _____, aber die Geschichte Kölns fand ich am

   _____.

4. Das Essen in München hat mir **gut** geschmeckt, aber das Essen in Leipzig hat mir

   _____ geschmeckt und am _____ hat mir

   das Essen in Wien geschmeckt.

5. Die Wolkenkratzer in Hamburg waren **hoch,** aber die Wolkenkratzer in Berlin waren

   _____ und am _____ waren die

   Wolkenkratzer in Frankfurt.

6. Das Hotel in Hamburg war **teuer,** aber das Hotel in Salzburg war _____

   und das Hotel in Zürich war am _____.

20 **Lebensmittelvergleich (Komparativ und Superlativ)**

Vergleichen Sie die folgenden Lebensmittel. Benutzen Sie Komparativ- und Superlativformen.

z.B. **süß: Marmelade, Schokolade, Zucker →**

   Marmelade ist süß, Schokolade ist süßer, Zucker ist am süßesten

1. gesund: ein Apfel, eine Banane, eine Kiwi

   _____

2. koffeinhaltig: grüner Tee, Cola, Espresso

   _____

3. groß: eine Erdbeere, ein Apfel, eine Melone

   _____

4. klein: eine Zwiebel, eine Schalotte, eine Knoblauchzehe

   _____

5. löchrig *(full of holes)*: Butterkäse, Bergkäse, Schweizer Emmentaler

   _____

6. gut: ??, ??, ?? (Seien Sie kreativ!)

   _____

C. Lesen

 21

Vor dem Lesen

Ordnen Sie den folgenen Phrasen die passenden Übersetzungen zu.

1. _____ der in Dublin geborene James Joyce studierte . . .

2. _____ um dort zu studieren

3. _____ um seine Familie zu ernähren

4. _____ genauso gut wie

5. _____ auf die Hilfe von anderen angewiesen sein

6. _____ wohl das interessanteste Denkmal

7. _____ aus einem alten Dubliner Hotel

8. _____ in Dublins Altstadt

9. _____ man eröffnete den James Joyce Pub

10. _____ mithilfe derselben Schweizer Bank

a. *in Dublin's historic center*

b. *to be dependent on the help of others*

c. *probably the most interesting memorial*

d. *from an old Dublin hotel*

e. *the James Joyce Pub was established*

f. *just as well as*

g. *in order to go to university there*

h. *with the support of the same Swiss bank*

i. *in order to provide for his family*

j. *born in Dublin, James Joyce studied . . .*

James Joyce in Zürich

Der 1882 in Dublin geborene James Joyce studierte Philosophie und Fremdsprachen und zog schon als 20-Jähriger für ein Jahr nach Paris, um dort zu studieren. Im Jahr 1904 lernte er seine spätere Frau Nora kennen, die damals als einfaches Zimmermädchen in einem Hotel in Dublin arbeitete. Wenige Monate später reiste das junge Paar ohne Geld nach Paris. Sie lebten in Triest, Rom, Paris und Zürich, wo Joyce an seinen Romanen und Gedichten schrieb.

Joyce arbeitete als Journalist und als Sprachlehrer, verdiente aber kaum genug Geld, um seine Familie zu ernähren. Er war der exzentrische Schriftsteller, und Nora war die mütterliche, starke Frau, die die Familie zusammenhielt. Nora liebte, wie auch James Joyce, fremde Sprachen und sprach den italienischen Dialekt von Triest genauso gut wie das Zürichdeutsch. Sie waren arm, konnten oft die Miete nicht bezahlen und waren auf die finanzielle Hilfe von anderen angewiesen. James Joyce starb 1941 in Zürich und zehn Jahre später auch Nora.

Neben Statuen und Plaketten, die an James Joyces Leben in Zürich erinnern, ist der nach ihm benannte *James Joyce Pub* in der Pelikanstrasse wohl das interessanteste Denkmal. Die Einrichtung des Zürcher *James Joyce Pubs* kommt aus einem alten Dubliner Hotel, das Joyce in seiner Jugend kannte. Als das berühmte *Jury's Hotel* in Dublins Altstadt von einer großen Schweizer Bank gekauft wurde, transportierte man die Möbel aus der Bar von *Jury's Hotel* nach Zürich und eröffnete damit 1978 den *James Joyce Pub*. 1985 entstand mithilfe derselben Schweizer Bank auch die *Zurich James Joyce Foundation*.

22 **Richtig oder falsch?**

Kreuzen Sie an, ob die folgenden Aussagen richtig (R) oder falsch (F) sind. Verbessern Sie die falschen Aussagen.

		R	F
1.	James Joyce wurde in Zürich geboren.	❏	❏
2.	James Joyce und seine Frau Nora lebten in Zürich und sind beide dort gestorben.	❏	❏
3.	James Joyce verdiente viel Geld als Journalist und Schriftsteller.	❏	❏
4.	James Joyce und Nora sprachen mehrere Fremdsprachen.	❏	❏
5.	Die Möbel im *James Joyce Pub* in Zürich kommen aus einem alten Dubliner Hotel.	❏	❏
6.	Der Kanton Zürich kaufte das *Jury's Hotel* in Dublin in den 70er Jahren.	❏	❏
7.	Der *James Joyce Pub* in Zürich wurde 1978 eröffnet.	❏	❏

23 **Adjektive**

Ergänzen Sie den Text mit den passenden Adjektiven aus der Liste.

arm • junger • interessanteste • konservativen • moderne • starke • Schweizer

Als (1) _____ Mann studierte James Joyce Philosophie und Fremdsprachen.

Zusammen mit seiner späteren Frau Nora zog er aus dem (2) _____ Irland

zuerst nach Paris, dann Triest, Rom, wieder Paris und Zürich. Er schrieb nicht viel, aber beeinflusste mit

seinen Romanen die (3) _____ Literatur wie kaum ein anderer Autor

des 20. Jahrhunderts. Er war (4) _____, denn als Journalist und als

Sprachlehrer verdiente er nicht viel. Er war ein exzentrischer Mann, und Nora war eine

(5) _____ Frau. Das (6) _____ Denkmal in

Zürich, das an sein Leben in dieser Stadt erinnert, ist wohl der *James Joyce Pub*. Eine

(7) _____ Bank kaufte in den 70er Jahren das *Jury's Hotel* in Dublins Altstadt

und transportierte die Einrichtung nach Zürich, um damit 1978 den *James Joyce Pub* zu eröffnen.

D. Schreiben

24 **Ein Mensch**

Denken Sie sich eine Person aus, die Sie gut beschreiben können. Seien Sie kreativ!

Schritt 1: Denken Sie sich zuerst einen Namen und Titel für diese Person aus, z.B. Thomas, der reichste Mann der Welt.

Titel: _____

Schritt 2: Schreiben Sie Notizen in den folgenden Kategorien, um diese Person zu beschreiben.

1. Wie sieht diese Person aus?

   Haare: _____

   Augen: _____

   Gesicht (Nase, Mund, Ohren): _____

   Kleidung: _____

   Gegenstände (objects), die diese Person normalerweise hat: _____

   _____

2. Was macht diese Person?

   Beruf: _____

   Hobbies: _____

   _____

3. Wo wohnt diese Person? _____

4. Wo ist diese Person aufgewachsen? _____

   _____

5. Was macht diese Person an einem normalen Tag?

   _____

   _____

   _____

   _____

   _____

   _____

   _____

   _____

   _____

Schritt 3: Jetzt bringen Sie die ganzen Notizen in einen Aufsatz zusammen. Versuchen Sie, viele verschiedene Adjektive zu benutzen.

_____

_____

_____

_____

_____

_____

_____

_____

_____

_____

_____

_____

_____

_____

_____

_____

_____

_____

_____

_____

_____

_____

_____

_____

_____

25 ## Schreibaufgabe: Marketingtext

Schreiben Sie einen Werbetext für ein Produkt oder einen Service. Orientieren Sie sich am folgenden Beispiel.

> **Wassertaxi Zürichsee**
>
> Genießen Sie den Zürichsee mit einem unserer erstklassigen Wassertaxis.
>
> ♦ Wir bieten exklusive Fahrten auf dem Zürichsee. Von der Kurzstrecke bis zur mehrstündigen Rundtour – wir halten alles für Sie bereit. Mit oder ohne Guide.
>
> ♦ Suchen Sie sich Ihre persönliche Route und lassen Sie sich auf einem unserer Wassertaxis die Gegend rund um den Zürichsee zeigen.
>
> ♦ Auch für besondere Anlässe wie Hochzeiten oder Geburtstagsparties sind wir mit ausgezeichnetem Event-Planning für Sie da.
>
> Seien Sie unser Gast auf dem Zürichsee!

_____

_____

_____

_____

_____

_____

_____

_____

_____

_____

_____

_____

_____

_____

_____

_____

_____

_____

_____

Die Deutschen im Ausland

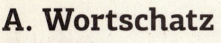

A. Wortschatz

Mündliches

Hören

1

Track 2-42

Die Deutschen im Ausland

Ergänzen Sie die Lücken mit den Wörtern, die Sie hören.

Mehr als 80 % der Deutschen fahren jedes Jahr in Urlaub. Viele fahren gerne mit dem eigenen Auto;

andere fliegen lieber in ferne Länder. Einer (1) _____ zufolge erklärten

60,1 % der Deutschen den Bade- und Sonnenurlaub zu ihrem Lieblingsurlaub. An der Spitze der

(2) _____ liegt deshalb schon seit 30 Jahren Spanien, gefolgt

von Italien, der Türkei und Österreich.

Wenn man (3) _____ und bezahlten

(4) _____ in Deutschland zusammenzählt, hat man im Jahr ungefähr sechs

Wochen frei. Das ist mehr als genug, um mindestens einmal länger zu verreisen. Und so sind Reisen auch

in gewisser Weise Statussymbole, denn wer die entferntesten Orte besucht und die exotischsten Speisen

probiert hat, kann andere damit (5) _____.

Doch gibt es verschiedene Motivationen zum Reisen. Der eine möchte sich von seinem hektischen

Alltag erholen, der andere möchte etwas Interessantes erleben. Man kann reisen, um aus der engen

Stadt zu (6) _____, oder um seinen Horizont zu erweitern.

Was machen Sie am liebsten, wenn Sie reisen?

2

Track 2-43

Die Deutschbrasilianer

Hören Sie zu und kreuzen Sie an, ob die Aussagen richtig (R) oder falsch (F) sind. Verbessern Sie die falschen Aussagen.

	R	F
1. Etwa 10 % der Einwohner Brasiliens stammen von deutschen Vorfahren ab.	❑	❑
2. Der Soldat Hans Staden war portugiesischer Herkunft.	❑	❑

		R	F
3.	Im 19. und 20. Jahrhundert wanderten viele Deutsche aus, um vor den Problemen in Europa zu fliehen.	❏	❏
4.	Herzogin Leopoldina brachte auch viele Künstler nach Brasilien.	❏	❏
5.	Die Brasilianer waren den Einwanderern gegenüber sehr reserviert.	❏	❏
6.	Immer weniger Deutschbrasilianer sprechen Deutsch als Muttersprache.	❏	❏

Sprechen

Im „Last Minute" Reisebüro

Beantworten Sie die Fragen und benutzen Sie dabei die vorgegebenen Elemente.

Track 2-44

Sie hören: Wann wollen Sie gerne abreisen?

Sie lesen: abreisen wollen / nächsten Montag

Sie sagen: Ich will nächsten Montag abreisen.

Sie hören: Aha, Sie wollen schon nächsten Montag abreisen.

1. abreisen wollen / nächsten Montag
2. mir egal sein / das Reiseziel
3. wollen / etwas erleben
4. wollen / in einem Hotel mit erstklassigem Ruf übernachten
5. wollen / dorthin verreisen
6. können / die Fahrkarte übermorgen abholen

Reiseträume (Redemittel)

Beantworten Sie die Fragen und benutzen Sie dabei die vorgegebenen Elemente.

Track 2-45

Sie hören: Was haben Sie in den Ferien vor?

Sie lesen: ich habe vor / mit dem Fahrrad über die Alpen fahren

Sie sagen: Ich habe vor, mit dem Fahrrad über die Alpen zu fahren.

Sie hören: Klingt prima. Sie haben also vor, mit dem Fahrrad über die Alpen zu fahren. Das wird ziemlich anstrengend werden, nicht?

1. ich habe vor / mit dem Fahrrad über die Alpen fahren
2. ich habe mir vorgenommen / einmal mit dem Heißluftballon über Salzburg fliegen
3. ich habe mir schon seit langem gewünscht / auf Hawaii surfen gehen
4. ich wollte schon immer mal / auf einem Kamel durch die Sahara reiten
5. ich habe mir überlegt / in einem Kajak den Atlantik überqueren
6. ich bin fest entschlossen / alle Stationen in diesem Buch besuchen

Schriftliches

5 **Eine Überraschungsreise**

Dieter überrascht Sieglinde mit einem tollen Geburtstagsgeschenk – sie fahren zusammen in Urlaub! Jetzt stellt Sieglinde viele Fragen über die Reise. Schreiben Sie den Buchstaben der passenden Antwort auf jede Frage.

1. _____ Um wie viel Uhr reisen wir ab?

2. _____ Hast du den Flug im Internet gebucht?

3. _____ Wo übernachten wir?

4. _____ Was für einen Urlaub machen wir?

5. _____ In welchem Land ist unser Reiseziel?

6. _____ Hast du die Fahrkarten schon?

a. Wir machen einen Strandurlaub.

b. Wir werden nicht in einem traditionellen Hotel übernachten.

c. Morgen um 8 Uhr fliegen wir ab.

d. Das möchte ich dir nicht sagen! Ich sage nur, wir fahren in den Süden.

e. Ja, ich habe sie schon ins Handgepäck gesteckt.

f. Ja, ich habe alles schon vor vier Wochen bei Neckermann gebucht.

6 **Die deutschen Touristen**

Ergänzen Sie den Dialog mit den Wörtern aus der Liste.

abgeschnitten • aufgeschlossen • Ergebnis • fremde • Rücksicht • Ruf • Speisen
Umfrage • verreisen

KARIN: Ich hab' neulich einen guten Artikel in der *Zeit* gelesen. Er ging um den

(1) _____ der deutschen Touristen.

ULF: Interessant! Und?

KARIN: Die Deutschen haben sehr gut (2) _____. Das

(3) _____ lautet, dass wir die beliebtesten Touristen sind!

ULF: Hmmmm, wie sind sie denn darauf gekommen?

KARIN: Die Journalisten haben eine (4) _____ unter den

Online-Reisebüros gemacht und dabei herausgefunden, dass die Deutschen höflich,

(5) _____ und bereit dazu sind,

(6) _____ Sprachen zu sprechen. Wir haben angeblich auch keine

Angst davor, neue (7) _____ zu probieren. Und wir nehmen auch

(8) _____ auf Gepflogenheiten.

ULF: Ja, mit so einem Ruf sollten wir vielleicht öfter (9) _____!

KARIN: Au ja, Schatz, du hast mir immer schon mal Hawaii versprochen . . .

7 **Definitionen**

Verbinden Sie die Begriffe mit den passenden Definitionen.

1. Wer gerne etwas Neues ausprobiert und das, was anders ist, nicht

   gleich ablehnt, ist _____.

2. Wer in ein neues Land zieht, um dort zu leben, ist ein _____.

3. An _____ sind die meisten Geschäfte in Deutschland geschlossen.

4. _____ nehmen bedeutet, an andere zu denken und nicht nur an sich selbst.

5. Unsere _____ ist da, wo wir herkommen.

6. Wer einen schlechten _____ hat, dem trauen andere Menschen nicht.

a. Einwanderer
b. aufgeschlossen
c. Rücksicht
d. Feiertagen
e. Herkunft
f. Ruf

8 **Redemittel: Sagen, was man vorhat**

Beantworten Sie die Fragen, indem Sie mit den Redemitteln beginnen.

1. Welche Stadt in Deutschland interessiert euch am meisten?

   Wir wollen _____

2. Was wollt ihr dort gerne mal machen?

   Wir haben vor, _____

3. Wo werdet ihr übernachten?

   Wir haben uns vorgenommen, _____

4. Was wird wohl der Höhepunkt eurer Reise sein?

   Wir wollten schon immer einmal _____

5. Wie lange wollt ihr bleiben?

   Wir sind fest entschlossen, _____

B. Strukturen

Mündliches

Hören

9 **Billy Wilder (Präpositionen)**

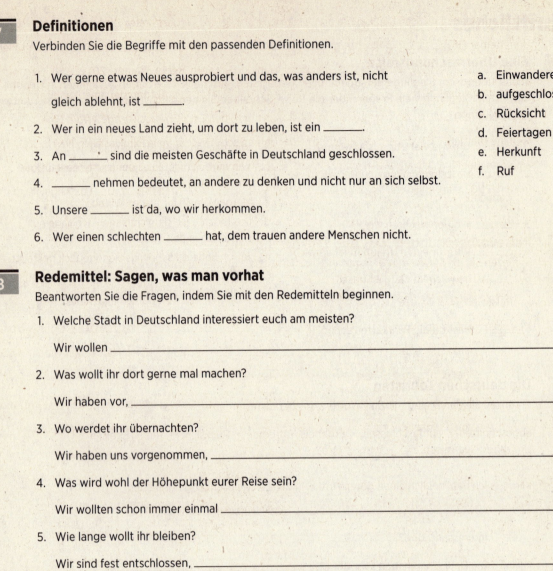

Ergänzen Sie diese Beschreibung mit den Präpositionen, die Sie hören.

Track 2-46   Billy Wilder wuchs als Sohn jüdischer Eltern (1) _____ Krakau auf. (2) _____ des Ersten Weltkriegs zog

die Familie (3) _____ Wien, um (4) _____ der russischen Armee zu fliehen. (5) _____ der Matura, dem

österreichischen Abitur, wurde Wilder Reporter und arbeitete (6) _____ eine Wiener Boulevardzeitung.

Wilder zog 1926 (7) _____ Berlin, wo er (8) _____ Untermiete (9) _____ einem winzigen Zimmer

wohnte, (10) _____ dem er Tag und Nacht die Toilette rauschen hörte. Hier begann auch seine

Filmkarriere: eines Nachts stand der Direktor der Maxim-Film (11) _____ ihm (12) _____ Zimmer,

(13) _____ nichts (14) _____ einer Unterhose bekleidet. Er hatte (15) _____ dem Schlafzimmer der

Nachbarin fliehen müssen und konnte nun nicht mehr anders, als Wilders erstes Drehbuch zu kaufen. Unmittelbar (16) _____ der Machtergreifung der Nazis floh Wilder (17) _____ Paris, und 1934 emigrierte er (18) _____ die USA, wo er (19) _____ Paramount Pictures als Drehbuchautor (20) _____ Vertrag genommen wurde. (21) _____ Kriegsende kehrte Wilder (22) _____ Auftrag der amerikanischen Regierung (23) _____ Berlin zurück und drehte dort 1948 den Film *Eine auswärtige Affäre* (24) _____ Marlene Dietrich. (25) _____ den 50er und 60er Jahren schuf Wilder viele Filmklassiker, (26) _____ anderem den Film *Das Appartement* (27) _____ Jack Lemmon, (28) _____ den er mehrere Oskars bekam. 2002 starb Billy Wilder (29) _____ Alter (30) _____ 95 Jahren (31) _____ Los Angeles.

10 Reisevorbereitungen (*Da-* und *Wo-*Komposita)

Track 2-47

Ergänzen Sie die Lücken mit den **da-** und **wo-**Komposita, die Sie hören.

DIETER: Sieglinde, die Koffer stehen nicht hier neben der Tür! Wo hast du sie hingestellt?

SIEGLINDE: Schau doch genau hin, du stehst ja direkt (1) _____! Ich möchte wirklich zu gerne wissen, (2) _____ du jetzt schon wieder denkst. Vielleicht schon an das schöne Wetter auf Mallorca?

DIETER: Ja, ist ja schon gut! (3) _____ denke ich erst, wenn wir im Taxi zum Flughafen sitzen. Ah, jetzt sehe ich die Koffer. Aber wo ist denn dein Mini-Rucksack?

SIEGLINDE: Ich habe ihn irgendwo beim Schreibtisch hingelegt, schau mal, entweder liegt er (4) _____ oder (5) _____. Übrigens, Dieter, hast du dich um das Zeitungsabonnement gekümmert?

DIETER: Oh Schreck, (6) _____ habe ich noch gar nicht gedacht. Ich rufe schnell beim Verlag an und kümmere mich (7) _____.

SIEGLINDE: Und was ist mit dem tropfenden Wasserhahn in der Küche?

DIETER: Ja, (8) _____ soll ich mich denn noch kümmern? Du bist doch schon fertig, vielleicht könntest du dich mal (9) _____ beschäftigen!

SIEGLINDE: Bin ich vielleicht eine Installateurin oder was? Du bist doch immer so stolz auf deine Handwerkskünste!

DIETER: Da bin ich auch zu Recht (10) _____ stolz, nur nicht eine Stunde vor Abflug nach Mallorca. Aber bevor wir uns noch weiter (11) _____ ärgern, lass' uns lieber (12) _____ nachdenken, wen wir um Hilfe bitten können.

SIEGLINDE: Das stimmt. Ich werde meiner Schwester Bescheid geben. Die kommt sowieso zum Blumengießen, dann kann sie sich auch um den Wasserhahn kümmern.

DIETER: Na gut, du, da steht schon das Taxi vor der Tür, jetzt aber nix wie los!

Sprechen

Track 2-48

11   Fragen am Bahnhof (Präpositionen)

Beantworten Sie die Fragen und benutzen Sie dabei die vorgegebenen Elemente.

Sie hören: Wann sind Sie mit dem Intercityexpress nach München gefahren?

Sie lesen: vor einem Jahr

Sie sagen: Vor einem Jahr bin ich mit dem Intercityexpress nach München gefahren.

Sie hören: Ach ja, vor einem Jahr sind Sie mit dem Intercityexpress nach München gefahren.

1. vor einem Jahr
2. seit einer Stunde
3. auf Gleis 8
4. in einer Minute
5. bis in die tiefe Nacht
6. um 15 Uhr 56

Track 2-49

12   Anruf bei Onkel Günther (*Wo*-Komposita)

Sie rufen Ihren Onkel an, aber er ist sehr schwer zu verstehen. Benutzen Sie die vorgegebenen Elemente und fragen Sie nach.

Sie hören: Ich freue mich schon auf die Ferien.

Sie lesen: sich auf . . . freuen

Sie sagen: Worauf freust du dich?

Sie hören: Auf die Ferien freue ich mich!

1. sich auf . . . freuen
2. sich für . . . interessieren
3. an . . . denken
4. sich über . . . unterhalten
5. sich mit . . . beschäftigen
6. sich über . . . freuen

Schriftliches

13   Bertolt Brecht (Präpositionen)

Ergänzen Sie Brechts Biografie mit den passenden Präpositionen aus der Liste.

seit • in (× 4) • an (× 2) • mit (× 2) • vor • aus • auf (× 2) • zu • nach (× 3) • von (× 2)

Bertolt Brecht wurde 1898 (1) _____ Augsburg geboren. 1917 begann er sein Studium (2) _____ der

Ludwig-Maximilians-Universität (3) _____ München, aber er konnte es aus Krankheitsgründen nicht

abschließen. 1920 begann seine Freundschaft (4) _____ dem Humoristen Karl Valentin, die einen großen

Einfluss (5) _____ Brechts spätere Werke hatte. In den späten 20er Jahren entwickelte er sich (6) _____

einem überzeugten Kommunisten. 1933 floh er (7) _____ den Nationalsozialisten (8) _____ Deutschland

(9) _____ Dänemark. 1941 fuhr er (10) _____ dem Schiff (11) _____ Russland (12) _____ Los Angeles.

(13) _____ den USA wurde er verdächtigt, Mitglied (14) _____ der kommunistischen Partei zu sein, und

wurde (15) _____ dem *Ausschuss für unamerikanische Umtriebe* verhört. Daraufhin kehrte er (16) _____

Europa zurück und lebte (17) _____ 1948 wieder in Berlin. 1949 bekam er sein eigenes Theater, das

Berliner Ensemble, wo er auch als Regisseur bekannt wurde. 1956 starb er (18) _____ einem Herzinfarkt

und wurde (19) _____ dem Dorotheenstädtischen Friedhof begraben, wo man heute sein Grab

besuchen kann.

14 Persönliches (Präpositionen)

Schreiben Sie einen Satz mit jeder Präpositionalphrase.

1. heute um 8 Uhr

    _____

2. am Ende des Semesters

    _____

3. seit einem Jahr

    _____

4. in meinem Rucksack

    _____

5. in meinen Rucksack

    _____

6. auf meinem Schreibtisch

    _____

7. auf meinen Schreibtisch

    _____

8. nach dem Essen

    _____

9. beim Lernen

    _____

10. in der Mensa

    _____

15 Fragen nach der Reise (*Da*-Komposita)

Schreiben Sie eine Antwort auf jede Frage und benutzen Sie dabei ein **da**-Kompositum.

 Hast du mit der Verspätung gerechnet? →

Nein, damit habe ich nicht gerechnet.

1. Hast du Bilder von dem Ausflug in die Berge?

    _____

2. Erinnerst du dich noch an den Namen des Restaurants, in dem wir gegessen haben?

    _____

3. Freust du dich schon auf die Kreuzfahrt im Mittelmeer?

_____

4. Ärgerst du dich nicht über den verlorenen Koffer?

_____

5. Denkst du noch an die schönen Stunden am Strand?

_____

16 **Noch mehr Persönliches (wo-Komposita)**

Ergänzen Sie die Fragen mit den passenden **wo**-Komposita und schreiben Sie dann eine persönliche Antwort auf jede Frage.

1. _____ interessieren Sie sich?

_____

2. _____ ärgern Sie sich?

_____

3. _____ denken Sie im Deutschunterricht?

_____

4. _____ braucht man Deutsch?

_____

5. _____ unterhalten Sie sich mit Ihren Freunden?

_____

6. _____ freuen Sie sich?

_____

7. _____ träumen Sie manchmal?

_____

8. _____ sind Sie an Ihrer Uni/Schule nicht zufrieden?

_____

9. _____ können Sie sich schnell gewöhnen?

_____

10. _____ bezahlen Sie im Supermarkt?

_____

C. Lesen

17

Vor dem Lesen

Ordnen Sie den folgenen Phrasen die passenden Übersetzungen zu.

1. _____ wer nach Namibia kommt . . .

2. _____ Kontraste setzen

3. _____ die Hauptstraße hinunter

4. _____ was man eigentlich erwarten würde

5. _____ das sehr zentral gelegene Goethe-Zentrum

6. _____ viele aus Deutschland kommende Lehrer

7. _____ darunter auch die Waldorfschule

8. _____ die Unterrichtssprache wechselt ins Englische

9. _____ sind besorgt um ihre kulturelle Identität

10. _____ meistens nur noch Englisch

a. *among them the Waldorf school*

b. *providing contrasts*

c. *the Goethe-Zentrum in the very center of town*

d. *the language of instruction switches to English*

e. *many teachers from Germany*

f. *worry about their cultural identity*

g. *what people would normally expect*

h. *visitors to Namibia . . .*

i. *down main street*

j. *mostly only English*

Deutsche in Namibia

Wer nach Namibia kommt, ist oft erstaunt *(astonished)* über die Präsenz der deutschen Sprache und damit der Deutsch-Namibier, die hier leben. Sie sind es, die in der Hauptstadt Windhoek in der *Blumenecke* Schnittblumen anbieten oder über das Edelkaufhaus *Wecke und Voigts* Waren aller Art verkaufen. Sie laden im traditionellen Café *Schneider* zum feinen deutschen Konditorkuchen ein und setzen im *Thüringer Hof* und vielen anderen Lokalitäten kulinarische Kontraste zu dem, was ein Reisender in Afrika eigentlich erwarten würde.

Geht man vom sehr zentral gelegenen Goethe-Zentrum die Hauptstraße hinunter an der *Blumenecke* vorbei, so gelangt man bereits nach 50 Metern zum *Neuen Bücherkeller*, einer der drei großen deutschen Buchhandlungen Namibias. Wer deutsche Schreibwaren sucht, geht in die *Deutsche Buchhandlung*. Sie liegt in der Nähe DHPS, der deutschen höheren Privatschule mit ungefähr 1000 Schülern, einigen einheimischen *(local)* und vielen aus Deutschland kommenden Lehrern.

Neben der deutschen Schule gibt es über das ganze Land verteilt deutsche staatliche und private Schulen, darunter auch die Windhoeker Waldorfschule. Dort wird von der ersten bis zur sechsten Klasse in deutscher Sprache unterrichtet. Außerdem lernen die Kinder dort Afrikaans, Nama und Oschiwambo, vor allem aber Englisch. In der siebten Klasse wechselt die Unterrichtssprache ins Englische.

Das Goethe-Zentrum hat inzwischen auch mehrere Kurse für Kinder eingerichtet, denn Deutsch wird in den Familien immer weniger gesprochen. Die Namibiadeutschen oder Deutsch-Namibier sind besorgt um ihre kulturelle Identität. Das hat vor allem mit der schwindenden *(vanishing)* Präsenz des Deutschen zu tun. Wo man früher eine Mischung aus Deutsch, Afrikaans, schwarzafrikanischen Wörtern und Englisch gesprochen hat, spricht man heute meistens nur noch Englisch.

http://berlinergazette.de/goethe-in-afrika/

18 **Was ist richtig?**

Kreuzen Sie die richtigen Satzergänzungen an.

1. In der *Blumenecke* in Windhoek _____

   a. gibt es feinen deutschen Konditorkuchen.

   b. werden von Namibia-Deutschen Schnittblumen verkauft.

   c. setzt man kulinarische Kontraste zur afrikanischen Küche.

2. Das Goethe-Zentrum _____

   a. liegt im Zentrum von Windhoek.

   b. ist eine der größten Buchhandlungen Namibias.

   c. liegt direkt neben dem *Neuen Bücherkeller*.

3. In der deutschen Buchhandlung _____

   a. werden deutsche Schreibwaren produziert.

   b. gibt es keine deutschen Schreibwaren.

   c. kann man deutsche Schreibwaren kaufen.

4. Die DHPS _____

   a. hat ungefähr 1000 Schüler.

   b. ist in Johannesburg.

   c. stellt nur deutsche Lehrer an.

5. In der Windhoeker Waldorfschule _____

   a. lernt man Deutsch, Afrikaans, Nama, Oschiwambo und Englisch.

   b. wird von der ersten bis zur sechsten Klasse auf Englisch unterrichtet.

   c. lernt man Deutsch erst in der sechsten Klasse.

6. Beim Goethe-Zentrum gibt es Deutschkurse für Kinder, _____

   a. weil die Präsenz des Deutschen in Namibia immer wichtiger wird.

   b. weil in den Familien immer weniger Deutsch gesprochen wird.

   c. weil die Kinder nicht Englisch sprechen wollen.

19 **Präpositionen**

Setzen sie die richtigen Präpositionen ein.

aus • für • im • in (× 3) • von

Windhoek ist die Hauptstadt (1) _____ Namibia. Viele Leute sind erstaunt darüber, dass (2) _____

Namibia so viele Deutsche leben. Im Kaufhaus *Wecke und Voigts* kann man viele deutsche Produkte

kaufen und (3) _____ Café *Schneider* gibt es feinen deutschen Kuchen. Das Goethe-Zentrum liegt

(4) _____ der Hauptstraße von Windhoek. Die deutsche Privatschule in Windhoek hat 1000 Schüler und

viele Lehrer kommen (5) _____ Deutschland. Im Goethe-Zentrum gibt es auch Kurse (6) _____ Kinder.

Das Goethe-Institut bietet diese Kurse an, denn (7) _____ den Familien wird immer weniger Deutsch

gesprochen.

D. Schreiben

20 **Meine letzte Reise**

Denken Sie an Ihre letzte Reise. Beschreiben Sie diese Reise mit Hilfe von Präpositionen.

Schritt 1: Das Wesentliche

Wohin sind Sie gefahren?_____

Womit sind Sie gefahren? _____

Mit wem sind Sie gefahren? _____

Schritt 2: Benutzen Sie die folgenden Präpositionen, um Ihr Reiseziel zu beschreiben.

an	auf	außerhalb	bei	gegenüber
hinter	in	innerhalb	neben	über
um . . . herum	unter	von	vor	zwischen

_____

_____

_____

_____

_____

_____

_____

Schritt 3: Benutzen Sie die folgenden Präpositionen, um zu erklären, was Sie da alles gemacht haben.

an	aus	bei	durch
für	in	mit	nach
um	während	zu	zwischen

_____

_____

_____

_____

_____

_____

_____

_____

Schritt 4: Bringen Sie die ganze Information in einen Aufsatz zusammen. Versuchen Sie auch, dabei die folgenden Verben mit Präpositionen zu benutzen.

sich freuen über • sich ärgern über • sich interessieren für • rechnen mit

_____

_____

_____

_____

_____

_____

_____

_____

_____

_____

_____

_____

_____

_____

_____

_____

_____

_____

_____

_____

_____

_____

_____

_____

_____

_____

_____

_____

21 Schreibaufgabe: Postkarte von unterwegs

Schreiben Sie eine Postkarte von einem Ort, an dem Sie einmal waren. Was haben Sie vermisst, als Sie dort waren? Was hat Ihnen (nicht) gefallen? Orientieren Sie sich am folgenden Beispiel.

Hallo ihr zu Hause,

jetzt sind wir schon drei Monate hier in Deutschland und haben viel gesehen. Viel Interessantes, Schönes, und auch vieles, das uns überrascht hat. Die öffentlichen Verkehrsmittel hier sind toll. Wir sind viel mit dem Zug, dem Bus und der U-Bahn gefahren. Unsere Gastfamilie ist wahnsinnig nett und meine Gastmutter macht am Wochenende immer feine Kuchen. Dann sitzen wir nachmittags auf dem Balkon, trinken Kaffee und essen Kuchen und unterhalten uns. Mein Lieblingskuchen heißt „Bienenstich" (bee sting). Der ist super! Ein paar Dinge vermisse ich hier auch. Mein Skateboard, den Strand und die Burritos von La Rosita . . .

_____

_____

_____

_____

_____

_____

_____

_____

_____

_____

_____

_____

_____

_____

_____

_____

_____

_____

_____

_____

_____